하루
화학

일상생활 속 숨어 있는 화학 현상 이야기

하루 화학

초판 1쇄 발행 2020년 11월 06일

글쓴이 이경윤
그린이 엄현정

책임편집 민가진 | **편집** 이정미
디자인 강미서 | **마케팅** 구혜지, 한소정

펴낸이 한혁수 | **펴낸곳** 도서출판 다림 | **등록** 1997. 8. 1. 제1-2209호
주소 07228 서울시 영등포구 영신로 220 KnK 디지털타워 1102호
전화 (02) 538-2913 | **팩스** (02) 563-7739 | **전자 우편** darimbooks@hanmail.net
블로그 blog.naver.com/darimbooks | **다림 카페** cafe.naver.com/darimbooks

ISBN 978-89-6177-244-0 74430
　　　978-89-6177-045-3 (세트)

ⓒ 2020, 이경윤

이 책 내용의 일부 또는 전부를 사용하려면 반드시 저작권자와 도서출판 다림의 서면 동의를 받아야 합니다.
책값은 뒤표지에 있습니다.

이 도서의 국립중앙도서관 출판예정도서목록(CIP)은 서지정보유통지원시스템 홈페이지(http://seoji.nl.go.kr)와
국가자료종합목록시스템(http://www.nl.go.kr/kolisnet)에서 이용하실 수 있습니다(CIP제어번호 : CIP2020042306).

제품명: 하루 화학	**제조자명:** 도서출판 다림	**제조국명:** 대한민국	⚠ 주 의
전화번호: 02-538-2913	**주소:** 서울시 영등포구 영신로 220 KnK 디지털타워 1102호		아이들이 모서리에 다치지
제조년월: 2020년 11월 06일	**사용연령:** 10세 이상		않게 주의하세요.
※ KC마크는 이 제품이 공통안전기준에 적합하였음을 의미합니다.			

일상생활 속 숨어 있는 **화학 현상** 이야기

하루 화학

이경윤 글
엄현정 그림

다림

작가의 말

    과학은 어렵고 재미없는 것일까요, 신기하고 흥미진진한 것일까요? 아마도 학교에서 배우는 과학은 어렵고 재미없다고 생각하는 사람이 더 많을 거예요. 사실은 저도 새로운 세계를 만나기 전까지는 그렇게 생각했던 사람 중 하나예요.
    제가 과학의 신세계를 만난 날은 햇빛이 쨍쨍하던 맑은 날이었어요. 작가를 꿈꾸던 저는 다른 작가들은 어떤 책을 쓰나 궁금해 서점에 들렀어요. 그런데 서점에 깔려 있던 수많은 과학 책들을 본 순간, 저는 마치 머리를 한 대 맞은 듯 멍했어요. 그건 제가 생각했던 어렵고 재미없는 과학이 아니라 신기하고 흥미진진한 과학이었어요. 심지어 어려운 과학 개념을 그림으로 쉽고 재미있게 알려 주는 과학 학습 만화는 거의 충격이었어요.
    그때를 계기로 저는 생각이 바뀌었어요. '과학이 결코 어렵기만 한 건 아니었구나!' 하고요. 용기를 갖고 저도 신기하고 흥미진진한 과학 책을 써서 저처럼 과학을 어렵고 재미없다고 생각하는 사람들의 인식을 바꿔 주고 싶었지요. 그리고 각고의 노력 끝에 저는 그런 과학 책을 쓸 수 있는 작가가 될 수 있었어요. 그런 점에서 저는 과학이 그렇게 고마울 수 없답니다.

    다른 과학 책을 써 나가던 중 저는 우리 일상생활 속에 과학 현상이 가득하다는 사실을 발견하게 되었어요. 부엌에도, 냉장고 속에도, 욕실에도, 거실에도 과학 현상이 바글거리고 있지 뭐예요.

《하루 화학》은 그렇게 탄생하게 되었어요. 우리 친구들이 아침에 일어나서 밥을 먹고, 학교에 가고, 또 학원에 갔다 집에 돌아와 잠자리에 들기까지 하루 동안 생활 속에서 만나는 화학 현상을 책 한 권에 담은 것이지요. 신기하지 않나요? 무심코 지나쳤던 일상생활 속 곳곳에 화학 현상이 숨어 있었다니요!

아침에 일어나 세수하고 양치할 때 쓰는 비누와 치약에도, 학교 갈 때 보는 자동차 타이어 안에도, 체육 시간에 흘리는 땀에도, 하굣길에 만나는 소나기에도, 저녁 식사를 준비하는 데 쓰이는 가스레인지에도, 저녁 반찬으로 올라온 맛있는 생선구이 냄새에도, 자는 동안 방 안에 있는 공기에도……. 이외에도 많은 화학 현상이 있답니다. 어때요, 일상 속에서 만나는 화학 현상이 기대되지 않나요? 우리 주변에서 일어나는 화학 현상들을 만나러 가 볼까요?

2020년 가을

이경윤

차례

작가의 말   4

1. 일어나자마자 화장실!
오줌은 왜 노란색일까?

12   오줌은 왜 노란색일까?
13   요리조리 변하는 오줌 색깔
14   똥은 왜 갈색일까?

누구나 쉽게 할 수 있는 생활 속 화학 실험
17   설탕물로 쌓는 무지개 탑

2. 세수와 양치는 꼼꼼하게
비누는 어떻게 때를 씻을까?

20   비누는 어떻게 때를 씻어 줄까?
21   비누, 피부에 문제가 없을까?
23   비누는 염기성, 피부는 산성
24   치약은 어떻게 이를 닦아 줄까?

누구나 쉽게 할 수 있는 생활 속 화학 실험
26   치약 거품으로 하는 총싸움

3 학교에 갈 때는 차 조심
자동차 타이어 속에는 무엇이 들어 있을까?

- 30 　무거운 자동차를 지탱해 주는 타이어
- 30 　타이어 속 공기의 힘
- 31 　공기가 압력을 발생시키는 원리
- 32 　온도에 따라 달라지는 공기의 압력

누구나 쉽게 할 수 있는 생활 속 화학 실험
- 35 　물속에 가라앉아도 젖지 않는 종이배

4 신나는 체육 시간
땀을 흘리고 나면 왜 시원해질까?

- 38 　운동할 때 왜 땀이 날까?
- 38 　땀을 흘리면 시원해지는 이유
- 39 　증발 현상은 어떻게 일어날까?
- 41 　증발과 끓음의 차이

누구나 쉽게 할 수 있는 생활 속 화학 실험
- 43 　순식간에 얼어 버리는 얼음 탑

5 즐거운 하교 시간, 하필 소나기?
비는 어디서 와서 어디로 가는 걸까?

- 46 　비는 어떻게 내릴까?
- 47 　구름은 어떻게 만들어질까?
- 47 　눈은 어떻게 내릴까?
- 48 　돌고 도는 물의 순환

누구나 쉽게 할 수 있는 생활 속 화학 실험
- 51 　구름 없이도 내리는 비

6 공부하기 전, 새콤달콤한 발포정 비타민 한 잔!

발포정 비타민은 왜 순식간에 녹을까?

- 54   보글보글 물에 녹는 비타민
- 54   발포정 비타민은 녹을 때 왜 거품이 날까?
- 55   발포정 비타민이 순식간에 물에 녹는 비밀

누구나 쉽게 할 수 있는 생활 속 화학 실험

- 59   발포정 비타민으로 발포되는 빨대 로켓

7 보글보글 지글지글, 저녁 요리 시간

가스레인지 불은 어떻게 켜지는 걸까?

- 62   가스레인지는 어떻게 불을 켤까?
- 63   불이 꺼지는 원리
- 64   물이 오히려 불을 키울 수 있다고?

누구나 쉽게 할 수 있는 생활 속 화학 실험

- 67   저절로 꺼지는 양초

8 저녁 반찬으로 맛있는 생선구이

어떻게 멀리서도 냄새를 맡을 수 있을까?

- 70   고소한 생선구이 냄새가 거실까지 풀풀
- 70   냄새가 퍼져 나가는 이유
- 71   방향제는 냄새를 어떻게 없애는 걸까?

누구나 쉽게 할 수 있는 생활 속 화학 실험

- 75   춤추는 숯

9 오늘 야식은 치킨과 콜라!
콜라는 왜 톡 쏠까?

- 78 톡톡 목구멍을 자극하는 콜라
- 79 콜라 마시고 나면 왜 트림이 날까?
- 81 콜라는 왜 몸에 안 좋을까?
- 81 콜라가 뼈에도 영향을 준다고?

누구나 쉽게 할 수 있는 생활 속 화학 실험
- 85 저절로 부풀어 오르는 풍선

10 헉, 갑자기 쓰린 속
제산제는 어떻게 쓰린 속을 달래 줄까?

- 88 속을 쓰리게 만든 정체, 위산
- 89 우리 주변에 있는 산과 염기
- 90 제산제가 쓰린 속을 달래 주는 원리
- 91 제산제는 왜 끈적끈적할까?

누구나 쉽게 할 수 있는 생활 속 화학 실험
- 94 열 없이도 익어 버리는 달걀

11 잠자는 동안에도 화학이
방 안 공기는 어떻게 달라질까?

- 98 공기는 어떻게 생겼을까?
- 98 방 안 공기의 성분 비율이 달라지는 이유
- 99 산소와 이산화탄소는 어떻게 구별할까?

누구나 쉽게 할 수 있는 생활 속 화학 실험
- 103 종이컵 탑을 단숨에 쓰러뜨리는 공기 대포

일어나자마자 화장실!

오줌은 왜 노란색일까?

1

오줌은 왜 노란색일까?

아침에 일어나면 가장 먼저 하는 일이 무엇인가요? 아마도 화장실로 가 볼일을 보는 일일 거예요. 자는 동안 방광에 오줌이 차는데, 꽉 찬 오줌을 비우라는 신호가 오기 때문이지요.

그런데 혹시 오줌에 화학의 비밀이 숨어 있다는 사실을 알고 있나요? 오줌을 누다 보면 어떨 때는 연한 노란색 오줌이 나오기도 하고, 어떨 때는 아주 진한 노란색 오줌이 나오기도 해요. 때로는 색이 거의 없는 오줌이 나오기도 하지요. 왜 이런 현상이 나타나는 걸까요?

오줌의 색은 우리 몸의 기관 중 쓸개에서 결정된다고 볼 수 있어요. 담낭이라고도 불리는 쓸개는 간 아래에 붙어 있는 조그마한 기관이에요. 음식을 먹으면 소화를 돕기 위해 쓸개에서 소화액이라는 게 분비되는데, 소화

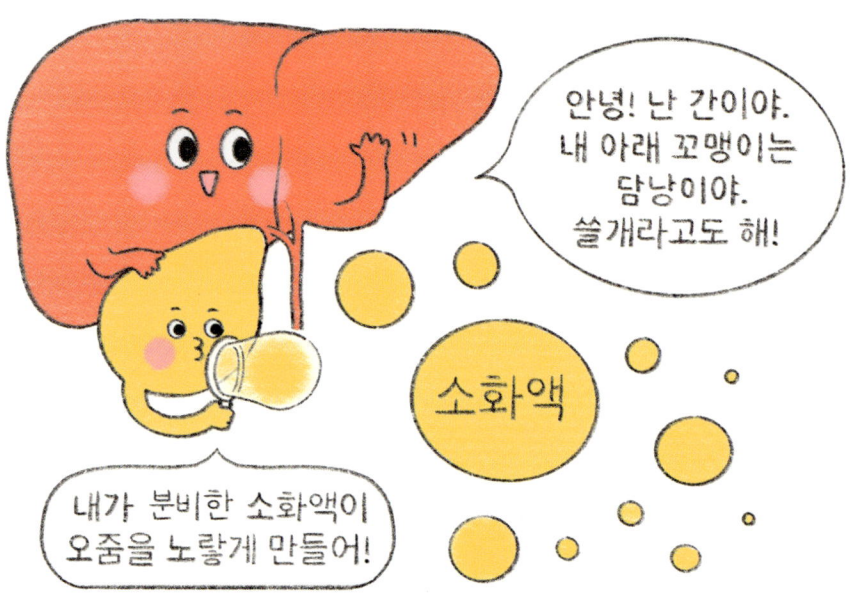

의 과정을 거치면서 이 소화액이 노란색을 띠게 되어요. 이것이 오줌에 남아 오줌의 색이 노란색이 되는 거랍니다.

요리조리 변하는 오줌 색깔

그렇다면 오줌의 색이 무색이거나 연한 노란색, 또는 진한 노란색과 같이 바뀌는 이유는 무엇일까요? 그 이유를 알기 위해서는 먼저 오줌에 어떤 성분이 들어 있는지부터 알아야 해요. 오줌의 성분은 다음과 같아요.

	물	요소	염분	기타
오줌(%)	96.0	1.7	1.5	0.8

오줌은 대부분 물로 이루어져 있고, 기타 물질에 오줌을 노랗게 만드는 색소 물질인 '유로빌린'이 포함되어 있어요. 유로빌린은 쓸개즙의 성분이 소화 과정을 거치면서 만들어져요. 유로빌린이 오줌에 얼마나 녹아 있느냐에 따라 진한 노란색이 될 수도 있고, 연한 노란색이나 무색을 띠게 될 수도 있지요.

또, 우리 몸에 있는 수분의 양에 따라서도 오줌의 색이 달라질 수 있답니다. 유로빌린에 비해 몸에 수분이 많을 경우 오줌의 색은 연해지고, 수분이 적으면 오줌의 색이 진해지는 거지요.

어떤 물질이 물에 녹는 현상을 화학에서는 '용해'라고 불러요. 그리고 녹는 물질은 '용질', 녹이는 물질은 '용매', 녹아 있는 상태는 '용액'이라고 하지요. 물에 설탕을 녹인 설탕물을 떠올려 보아요. 설탕물에서 설탕이 용질, 물이 용매, 설탕물이 설탕 용액이 되는 거예요.

　용액은 색깔을 띠는 용질이 많이 녹아 있을수록 더 진한 색깔을 띠게 되어요. 오줌에서의 용질은 노란색을 띠는 유로빌린이에요. 그러니까 유로빌린이 많이 녹아 있을수록 오줌의 색은 더욱더 진한 노란색이 되겠지요. 또, 같은 양의 용질이 녹아 있다면 용매의 양이 많아질수록 색이 연해져요. 정상적인 오줌의 색은 연한 노란색이에요. 그런데 만약 오줌의 색이 진한 노란색이라면 수분이 부족하다는 신호라고 볼 수 있지요. 이런 경우에는 물을 충분히 마셔 주는 것이 좋답니다.

똥은 왜 갈색일까?

　사람은 하루에 한 번 이상 똥을 누어요. 매일 똥을 눈다고 하면 똥쟁이라며 놀리는 친구들도 있을 거예요. 그런데 사실 똥을 잘 누는 사람들이 건강한 거예요. 똥은 우리 몸이 몸속에 들어온 음식물의 영양분을 다 흡수하고 남은 찌꺼기거든요. 그러니까 몸 밖으로 제때 배출되는 것이 좋지요.

똥의 색깔을 통해서 몸의 건강 상태를 알 수 있어요. 똥의 색을 보면 대부분 황금색 또는 갈색을 띠어요. 정상적인 똥은 물이 70~75퍼센트, 고형 성분이 25~30퍼센트로 이루어져 있어요. 고형 성분이란 단단하게 굳어 있는 물질을 말하는데, 이 고형 성분을 좀 더 자세히 살펴보면 약 30퍼센트는 죽은 세균들이고, 10~20퍼센트는 지방질, 10~20퍼센트는 인산칼슘 등의 무기 물질, 2~3퍼센트는 단백질, 나머지 30퍼센트는 소화되지 않은 음식물 찌꺼기이거나 기타 물질로 이루어져 있지요. 똥을 갈색으로 만드는 성분은 이 기타 물질에 포함되어 있어요.

우리 몸에는 약 100조 마리의 세균이 살고 있다고 해요. 이 중 대부분의 세균들이 똥이 나오는 길인 대장에 살고 있지요. 이 많은 세균들은 대장까지 내려온 쓸개즙의 노란색 성분인 빌리루빈을 분해하여 갈색의 스테르코빌린이라는 물질을 만들어요. 즉 '분해*'라는 화학 반응을 통하여 색깔이 바뀌는 것이지요.

* **분해**
큰 덩어리의 물질이 작은 덩어리로 나누어지는 것. 예를 들어 AB라는 물질이 A와 B로 나누어지는 것이 분해 반응이다.

대장의 세균에 의한 분해 반응

빌리루빈 ────→ 유로빌리노겐 ────→ 스테르코빌린
(노란색)   (갈색)

오줌에 유로빌린이 많이 녹아 있을수록 진한 노란색을 띠는 것과 마찬가지로 갈색인 스테르코빌린이 똥에 많이 녹아 있을수록 똥의 색도 더욱 진한 갈색이 되지요.

오줌과 똥 색깔로 내 건강 알아보기

옛날부터 우리 선조들은 '대변보러 간다.' '소변보러 간다.'라는 표현을 썼어요. 왜 '본다'라는 말을 썼을까요? 여기에는 깊은 뜻이 숨어 있어요. 바로 똥오줌의 모양과 색깔을 눈으로 보면 건강 상태를 알 수 있다는 것을 의미하는 거예요.

사실 오줌은 노란색만 있는 게 아니에요. 빨간색도 있고, 콜라 색도 있어요. 다만 노란색이 아닐 경우 건강에 이상이 생겼을 가능성이 높아요. 빨간색 오줌은 내 몸속 어디선가 피가 나고 있다는 증거예요. 콜라 색 오줌은 내 몸속 어디선가 오랫동안 흘러나오지 못했던 죽은피가 나오거나 어떤 이유로 죽은 세포들이 오줌에 녹아 나오는 것이지요. 그러니까 오줌의 색이 노랗지 않다면 얼른 병원에 가서 검사를 받아 봐야 해요. 또, 오줌에 거품이 섞여 나오는 것은 오줌을 만드는 콩팥에 문제가 생겼을 가능성이 있다는 의미랍니다.

똥도 마찬가지예요. 황금색이나 갈색이 아닌 다른 색깔의 똥이 나온다면 몸에 이상이 생겼다는 신호일 수 있으니 병원에 가서 검사를 받아 보는 것이 좋아요. 단, 우리가 먹은 음식에 의해서 일시적으로 오줌이나 똥의 색깔이 변할 수도 있으니까 며칠 지켜보는 것도 괜찮아요. 며칠간 지속적으로 정상적이지 않은 색깔의 똥이나 오줌이 나온다면 반드시 병원에 가야 한다는 것 잊지 마세요.

누구나 쉽게 할 수 있는 생활 속 화학 실험

설탕물로 쌓는 무지개 탑

같은 성질을 가진 물질들은 섞으면 하나로 합쳐져요. 이와 달리 각각 다른 성질을 가지고 있는 물질들은 서로 섞이지 않고 층을 이루지요. 물과 기름처럼 말이에요. 그런데 설탕을 이용하면 물만 가지고도 물과 기름처럼 층을 만들게 할 수 있어요. 어떻게 이런 일이 가능한지 실험을 통해 알아보아요.

준비물

좋아하는 색깔의 물감 세 개, 설탕, 물, 물 약병 세 개, 긴 투명 관

실험 과정

1 물 약병 세 개에 같은 양의 물을 넣은 후 좋아하는 색의 물감을 각각 풀어 주어요. 첫 번째 물 약병에는 설탕 네 스푼, 두 번째 물 약병에는 설탕 두 스푼, 마지막 물 약병에는 설탕을 넣지 말아요.

2 설탕이 많이 들어간 순서대로 긴 투명 관에 부어 주어요. 이때, 빨리 넣으면 색이 섞일 수 있으니 벽면을 따라 조금씩 천천히 부어야 해요.

3 색깔별로 층을 이루며 무지개 탑이 만들어져요.

신기한 실험 결과 알아보기

쉽게 섞일 것 같은 물들이 왜 섞이지 않을까요? 그 이유는 물에 녹은 설탕의 양 때문이에요. 설탕이 하나도 녹아 있지 않은 물보다 설탕이 두 스푼 녹아 있는 물의 진하기(농도)가 더 진해요. 진하기가 짙을수록 무게는 더 무겁지요. 마찬가지로 설탕이 두 스푼 녹아 있는 물보다 설탕이 네 스푼 녹아 있는 물이 더 무거워요. 이런 진하기 차이 때문에 물끼리 서로 섞이지 않는 신기한 현상이 나타나는 거예요. 참고로 물질은 무거운 것은 아래로, 가벼운 것은 위로 가려는 성질을 가지고 있어서 만약 설탕이 안 들어간 물을 먼저 넣으면 실험에 실패하게 된답니다.

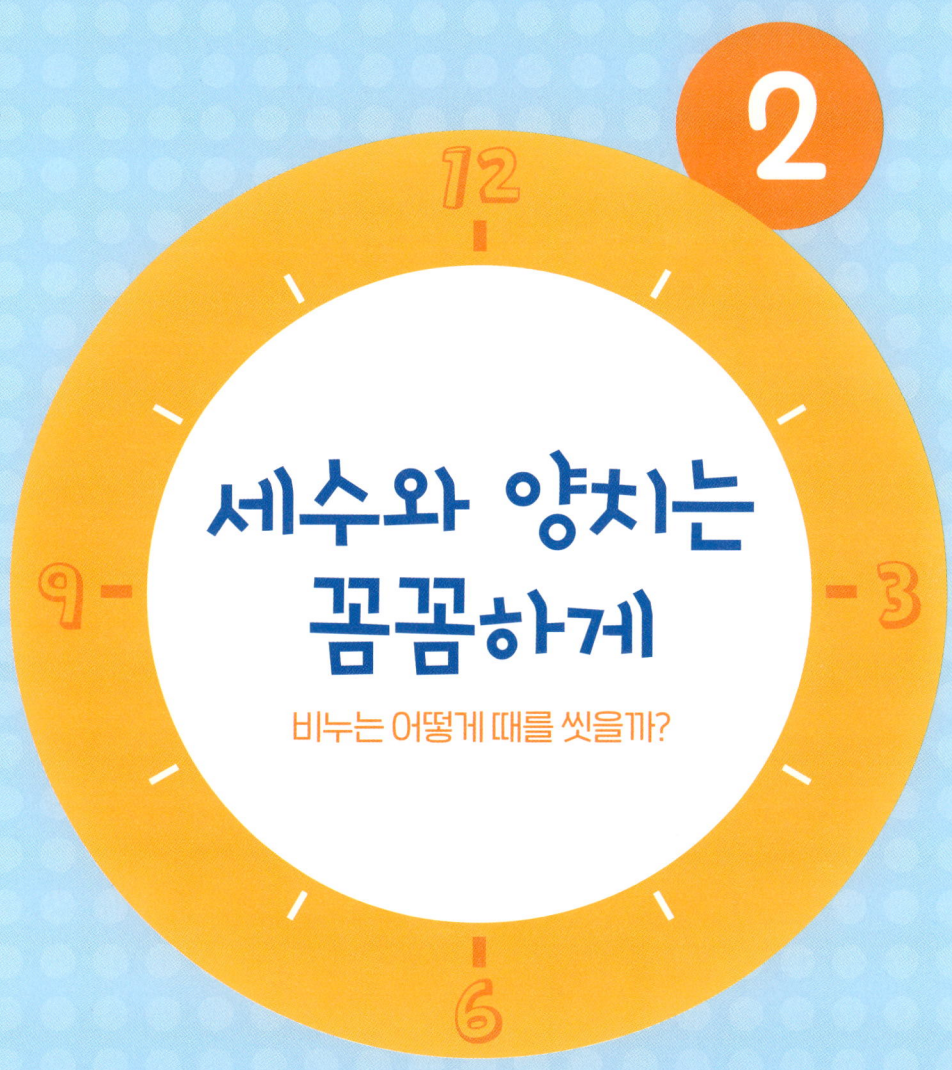

세수와 양치는 꼼꼼하게

비누는 어떻게 때를 씻을까?

2

비누는 어떻게 때를 씻어 줄까?

용변을 봤으면 이제 학교에 가기 위해 씻어야겠지요? 우리가 매일 하는 양치질과 세수에도 당연히 화학의 원리가 숨어 있어요.

먼저 비누부터 살펴볼까요? 비누를 초정밀 현미경으로 확대해 보면 마치 성냥개비처럼 생긴 비누 입자*를 볼 수 있어요.

* 입자
물질을 구성하는 아주 작은 크기의 물체.

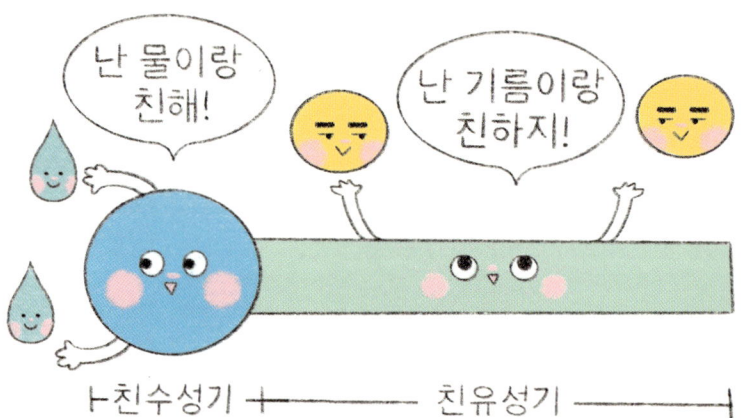

이 성냥개비 모양으로 생긴 물질을 '계면활성제'라고 해요. 계면활성제가 성냥개비 모양을 하고 있는 이유는 우리 몸의 때를 벗겨 내는 것과 관련이 있어요. 비누 입자의 머리 부분을 '친수성기'라고 부르는데, 한자의 '친할 친(親)' 자와 '물 수(水)' 자를 써서 물과 친하다는 뜻을 나타내어요. 비누 입자의 머리 부분 때문에 비누가 물에 잘 녹는 것이지요.

한편 비누 입자의 몸통 부분은 '친유성기'라고 부르는데, 한자의 '친할 친' 자에 '기름 유(油)' 자를 써서 기름과 친하다는 뜻을 나타낸답니다. 비누 입자의 몸통 부분 때문에 비누가 기름 성분에도 잘 녹는 거예요.

우리 몸의 때는 기름 성분들이 뭉쳐진 거예요. 그런데 그냥 물로만 씻으면 물과 기름이 잘 섞이지 않아 때가 씻겨 나가기 힘들지요. 하지만 비누를 사용하면 기름 성분도 잘 녹일 수 있어 때가 깨끗이 씻겨 나가게 되어요. 즉, 피부에 묻어 있는 기름때를 비누로 씻으면 비누가 물에 녹으면서 기름과 친한 친유성기가 때에 달라붙고, 피부로부터 때를 떼어 냄으로써 때가 깨끗하게 씻겨 나가는 원리랍니다.

비누, 피부에 문제가 없을까?

고대부터 비누를 사용했다는 기록이 있어요. 고대에는 동물의 기름과 재를 섞어 비누를 만들었다고 해요. 요즘 우리가 사용하는 비누가 발명된 것은 불과 200년 정도밖에 되지 않았지요. 비누를 사용하면서 사람들은 깨끗한 생활을 할 수 있게 되었고, 덕분에 각종 전염병으로부터 해방될 수 있었어요. 그런 면에서 비누는 사람들에게 아주 좋은 일을 한 셈이지요.

하지만 비누는 생각지도 못한 부분에서 문제를 일으켰어요. 바로 비누로 인해 피부병이 나타난 거예요. 비누로 더러운 때를 깨끗하게 씻어 냈는데, 왜 피부병이 생기는 걸까요? 그 이유는 비누가 염기성을 띠고 있기 때문이에요.

화학에서는 용액의 성질을 산성과 염기성으로 구분해요. 산성은 주로 신맛이 나며 염기성은 약간 쓴맛이 나요. 어떤 용액은 먹으면 위험할 수 있기 때문에 맛으로 산성과 염기성을 구분할 수 없는 경우도 많아요. 이때 산성과 염기성을 구분하는 방법으로 지시약을 사용해요.

지시약이란 화학적 변화가 일어나는 과정을 눈으로 관찰할 수 있도록 도

와주는 물질이랍니다. 지시약에는 여러 종류가 있는데, 그중 붉은 양배추로 만든 붉은 양배추 지시약이라는 게 있어요. 붉은 양배추 지시약의 경우 식초나 레몬주스와 같이 산성인 용액에 넣으면 붉은색으로 변하고, 베이킹 소다를 녹인 물과 같이 염기성인 용액에 넣으면 푸른색 계열로 변해요. 산성이 강하면 강할수록 점점 더 진한 붉은색으로, 염기성이 강하면 강할수록 푸른색 계열에서 노란색으로 변하지요.

비누는 염기성, 피부는 산성

붉은 양배추 지시약을 비눗물에 넣으면 푸른색 계열로 변해요. 비눗물이 염기성이라는 것을 알려 주는 거지요. 비누의 염기성이 문제가 되는 이유는 우리의 피부가 산성이라는 데에 있어요.

피부막은 약한 산성 상태를 유지하면서 외부의 세균으로부터 피부를 보호해요. 그런데 피부를 비누로 씻어 버리면 때가 깨끗이 씻기기는 하겠지만 세균을 막아 주는 산성의 피부막이 파괴되는 문제가 생겨요. 실제 여러 실험에 의해 비누로 씻었을 때 피부에 세균이 증가하는 사실이 증명되기도 했어요. 과거에 없었던 여러 피부병이 어쩌면 비누 때문에 생겼다고 볼 수도 있는 거지요.

그래서 산성과 염기성의 중간 성질인 중성으로 된 액체비누가 개발되기도 했는데, 이 역시 여전히 산성인 피부를 보호하기에는 부족했어요. 최근에는 약산성 비누도 등장했지요. 약산성 비누는 피부처럼 약한 산성을 띠기 때문에 염기성 비누가 일으키는 문제를 해결할 수 있어요. 하지만 약산성 비누에도 치명적인 단점이 있답니다. 바로 기존의 염기성 비누만큼 때가 잘 씻겨 나가지는 않는다는 것이었지요.

약산성 비누가 때를 잘 씻어 내지 못하는 이유는 앞에서 이야기했던 성냥개비 모양의 물질인 계면활성제가 적게 들어 있기 때문이에요. 계면활성제가 많아야 때를 잘 씻어 낼 수 있는데, 계면활성제 자체가 염기성을 띠고 있기 때문에 이 물질을 많이 넣으면 약산성 비누를 만들 수 없거든요.

이렇듯 피부 문제를 일으키지 않는 약산성 비누를 만드는 것이 기술적으로 가능해졌지만, 세정력이 약하다 보니 약산성 비누를 사용하는 사람은 많지 않아 보여요. 사실 비누의 역할 중 가장 중요한 것이 때를 씻어 내는 것이니까요.

치약은 어떻게 이를 닦아 줄까?

이번에는 치약을 살펴볼게요. 치약은 어떻게 이를 깨끗하게 닦아 주는 걸까요? 원리를 알아보기 전에 먼저 이를 닦지 않았을 때 어떤 성분들이 이에 붙어 있는지를 알아야 해요.

치아에는 피부처럼 기름 성분의 때가 생기기도 하고, 음식물 찌꺼기로 인한 딱딱한 때가 생기기도 해요. 게다가 각종 세균들이 득실거리지요. 그렇기 때문에 오랫동안 이를 닦지 않으면 입에서 냄새가 심하게 나는 거예요.

이가 깨끗해지려면 치약이 이 모든 문제를 다 해결할 수 있어야 하겠지요? 그래서 치약에는 다양한 기능을 가진 성분들이 들어 있어요. 우선 기름때를 제거하기 위해 성냥개비 모양의 계면활성제가 들어 있어요. 피부의 기름때를 제거하는 것과 같은 원리로 치아의 기름때를 제거하지요.

다음으로 아주 고운 모래알 같은 성분도 있는데, 이 성분이 치아에 붙어 있는 딱딱한 때를 벗겨 내요. 주로 달걀 껍데기와 비슷한 탄산칼슘 성분이지요. 이것은 화학적 원리로 때를 제거하는 것이 아니라 순전히 힘으로 때를 긁어 내는 거라고 볼 수 있어요. 마치 철 수세미로 냄비의 탄 부분을 긁어 내는 것처럼 말이에요. 이외에도 치아에 있는 세균을 죽이기 위한 살균제 그리고 냄새를 제거하기 위한 향료도 들어 있어요.

몸에 안 좋은 양치질?

비누나 치약에 들어 있는 계면활성제는 화학 물질이에요. 그래서 몸속에 들어갈 경우 해를 줄 수 있어 몸속으로 들어가지 않게 조심해야 해요. 비누는 피부에 사용하는 것이라 몸속으로 들어갈 확률이 낮지만, 치약은 양치를 하면서 쉽게 몸속으로 들어갈 수 있어요. 특히 양치질을 할 때 입안을 대충 헹구는 경우가 많은데, 그러면 치약의 계면활성제 성분이 입안에 남게 될 수 있어요. 이럴 경우 양치가 끝난 다음 음식물을 먹게 되면 입안에 남아 있던 계면활성제까지 함께 삼키게 되지요. 그래서 전문가들은 입안을 헹굴 때 최소 일곱 번 이상 헹굴 것을 권장하고 있답니다.

이외에도 이에 붙은 딱딱한 때를 벗겨 내기 위해 넣은 모래알 같은 성분도 조심해야 해요. 너무 세게 양치질을 하면 이 성분들 때문에 이와 잇몸이 손상될 수 있어요. 그래서 칫솔질은 구석구석 꼼꼼하게 하되 부드럽게 하는 것이 중요하답니다.

누구나 쉽게 할 수 있는 생활 속 **화학 실험**

치약 거품으로 하는 **총싸움**

여름에 친구들과 하는 물총 싸움만큼 재미있으면서도 색다른 총싸움을 소개해 볼게요. 바로 치약을 이용한 '치약 거품 총싸움'이에요. 이를 닦을 때만 사용했던 치약을 가지고 어떻게 총싸움을 할 수 있는지 궁금하지 않나요? 치약 거품 총을 만들어 친구들과 치약 거품 총싸움을 즐겨 봐요.

준비물

커다란 풍선, 치약, 물

실험 과정

1 풍선에 치약을 조금 담아요. 보통 이를 닦을 때 칫솔에 묻히는 양 정도면 충분해요. 그리고 풍선에 종이컵 한 컵 정도의 물을 넣어 주어요.

2 치약과 물을 넣어 준 풍선을 적당한 크기로 불어 주어요. 내용물이 흐르지 않게 조심해야 해요.

3 풍선 입구를 잘 막은 다음 세게 흔들어 주어요. 물이 출렁이는 느낌이 나지 않을 때까지 힘껏 흔들어요.

4 목표물을 겨냥한 후 풍선 입구를 막고 있던 손의 힘을 풀어 주면, 입구가 열리면서 거품 총알이 발사되어요!

신기한 실험 결과 알아보기

풍선 입구를 풀어 주면 마치 화산이 폭발하는 것처럼 풍선에서 거품이 총알처럼 발사되어요. 이러한 현상이 나타나는 이유는 치약이 물과 만나면 거품을 만들어 내는 성질이 있기 때문이에요. 그래서 우리가 이를 닦을 때도 거품이 생기는 거예요.

실험에서는 치약이 물과 만난 상태에서 세게 흔드니까 풍선 안이 치약 거품으로 꽉 차 터지기 일보 직전의 상태가 되는 것이지요. 그래서 풍선 입구를 잡고 있던 손을 놓으면 풍선 안에 있던 거품들이 총알처럼 튀어나오는 것이랍니다. 방 안에서 치약 거품 총알을 발사하면 방이 어지러워질 수 있으니까 욕실, 또는 마당이나 운동장 같은 실외에서 실험하는 것이 좋아요.

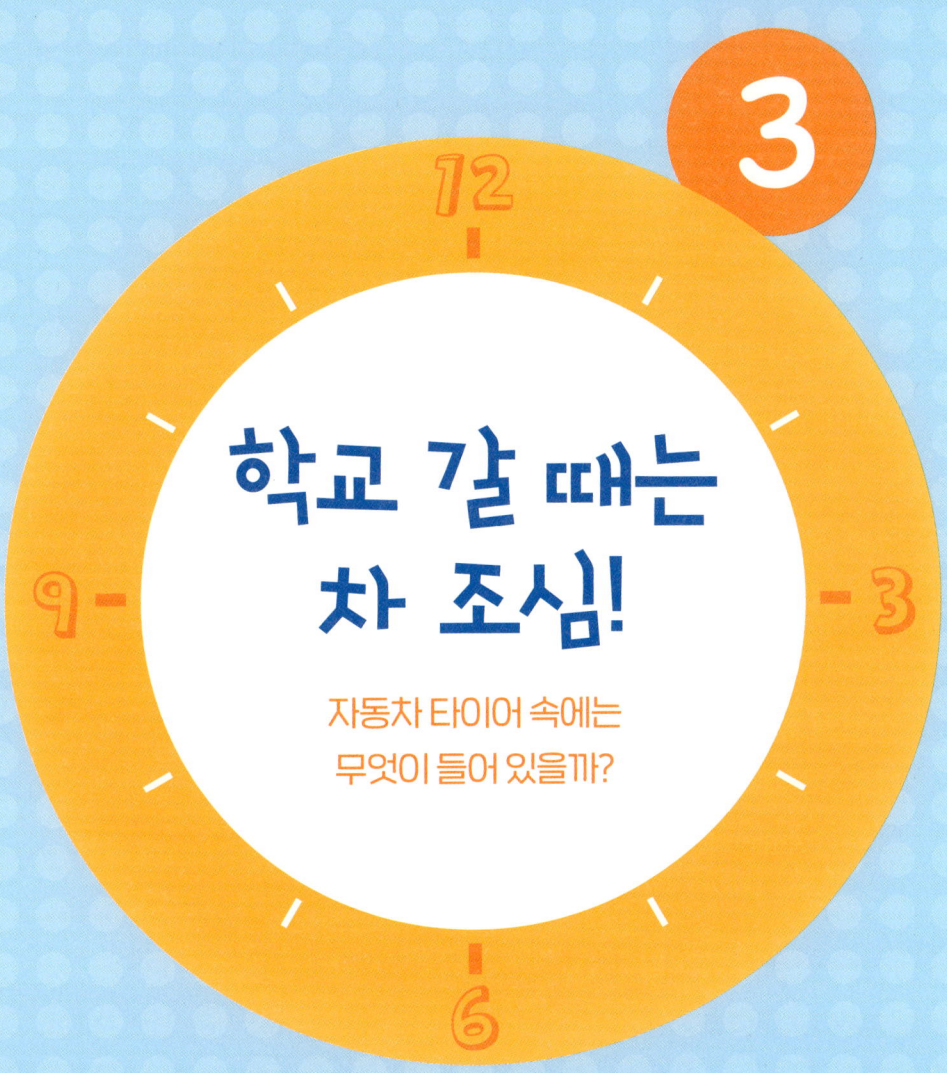

3

학교 갈 때는 차 조심!

자동차 타이어 속에는
무엇이 들어 있을까?

무거운 자동차를 지탱해 주는 타이어

학교 가는 길에 흔히 볼 수 있으면서 늘 조심해야 할 것이 있어요. 바로 자동차예요. 자동차는 크게 사람이 탑승할 수 있는 차체, 자동차가 매끄럽게 이동할 수 있게 도와주는 타이어로 나누어 볼 수 있어요. 그중 우리는 타이어 속에 숨어 있는 화학의 원리를 찾아볼 거예요.

타이어에는 공기가 가득 들어가 있어요. 가벼워서 둥둥 떠다니는 공기를 이용해 무거운 차체를 지탱하는 것을 보면 참 신기해요. 사람들은 어떻게 하다가 공기를 가득 넣은 고무 타이어를 사용하게 된 걸까요?

공기 타이어가 발명되기 이전에는 나무 바퀴에 철판을 고정시켜 사용했어요. 그런데 나무 바퀴는 지면과 충돌할 때 충격을 잘 흡수하지 못해 사고가 나기 십상이었지요. 충격을 잘 흡수할 수 있는 것이 무엇이 있을까 고민하다가 발명된 것이 바로 공기를 가득 채운 고무 타이어예요. 고무 타이어 안에 들어 있는 공기가 충격을 흡수해 안전하게 차를 굴러가게 해 주었지요. 이 때문에 오늘날 공기를 가득 채운 고무 타이어가 널리 사용되고 있는 것이랍니다.

타이어 속 공기의 힘

공기가 모두 빠진 타이어는 바람 빠진 풍선처럼 축 늘어져요. 하지만 여기에 공기를 넣어 주면 다시 점점 부풀어 오르면서 팽팽해지지요. 이때 타이어 속 공기의 권장 압력은 자동차나 타이어의 종류에 따라 다르지만 보통 230킬로파스칼(33프사이)이에요.

킬로파스칼(kPa)이나 프사이(psi)는 공기 압력을 나타내는 단위를 말해요. 공기의 압력이란 공기가 누르거나 미는 힘을 뜻하지요.

공기와 같은 기체는 주위에 압력을 가하는 성질이 있어요. 눈에 보이지 않지만 우리 주위는 공기로 가득 채워져 있다는 사실을 알고 있지요? 그런데 왜 우리는 공기가 누르거나 미는 힘을 전혀 느끼지 못하고 살아갈까요? 그것은 공기가 우리 몸에 가하는 압력과 우리 몸이 주위에 가하는 압력이 1기압*으로 서로 같기 때문이라고 해요.

* 기압
공기의 압력. 1기압은 약 15프사이, 101킬로파스칼에 해당된다.

공기가 압력을 발생시키는 원리

그렇다면 공기와 같은 기체는 어떻게 압력을 발생시킬 수 있을까요? 쉽게 이해하기 위해 타이어 속으로 들어가 볼게요. 공기는 질소, 산소 등 여러 가지 기체 알갱이로 이루어져 있는데, 이 기체 알갱이들은 타이어 속에서 활발하게 움직여요. 그러면서 타이어 벽과 계속 충돌하게 되고, 이때 압력이 생기게 되는 것이지요. 타이어 벽과 충돌하는 횟수가 많으면 많을수록 압력은 높아져요.

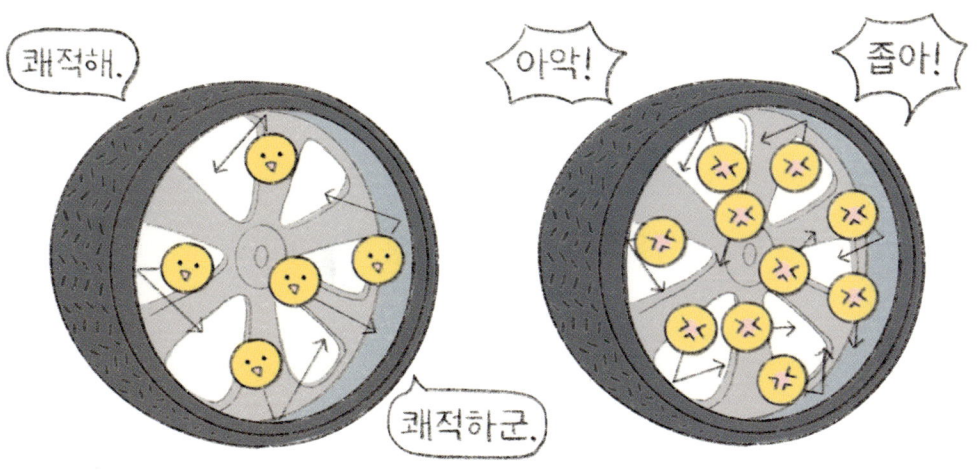

　일정한 공간 안에 들어 있는 기체 알갱이의 개수가 변하지 않는다면, 기체의 압력은 부피와 관계가 있어요. 부피를 반으로 줄이면 압력은 두 배로 높아져요. 왜냐하면 공간이 좁아지니까 활발히 움직이는 알갱이들이 더 자주 벽에 부딪히게 되기 때문이에요.

　또, 일정한 공간 안에 있는 기체 알갱이의 개수를 두 배로 늘리면 압력도 두 배로 높아져요. 기체 알갱이들의 수가 늘어난 만큼 벽에 충돌하는 횟수가 늘어나게 되니까요. 자동차 타이어에 공기를 계속 넣어 줄 때 타이어 압력이 높아지는 이유가 바로 이 원리 때문이랍니다.

온도에 따라 달라지는 공기의 압력

　무더운 여름철이나 추운 겨울철이 되면 타이어의 공기 압력을 바꿔 줘야 한다는 말이 있어요. 왜 이런 말이 나왔을까요? 그것은 기체의 압력이 온도에 따라 달라지는 성질이 있기 때문이에요.

압력이 일정한 상태에서 온도를 높여 주면 기체의 부피가 늘어나게 되어요. 기체의 부피란 기체를 이루는 알갱이들이 차지하는 공간의 부피를 말해요. 즉, 온도가 상승하면 기체 알갱이들의 에너지가 높아져요. 에너지가 높다는 건, 쉽게 말해서 일을 할 수 있는 능력이 더 생긴다는 거예요. 그래서 이 기체 알갱이들은 에너지가 높아지기 전보다 더 활발하게 움직이려고 하기 때문에 기체가 차지하는 공간이 더 늘어나게 되는 거예요. 이와 같은 원리로 온도를 낮춰 주면 부피가 줄어들게 되지요. 예를 들어 0도씨에서 기체의 부피가 1리터라고 할 때, 온도를 273도씨까지 올려 주면 기체의 부피는 두 배인 2리터까지 커진답니다.

온도에 따른 기체의 부피 변화를 타이어에 적용해 볼까요? 무더운 여름철이 되면 봄에 비해 온도가 대략 10~20도씨가 높아져요. 온도가 높아진 만큼 자동차 타이어 속 공기의 부피가 늘어나게 되고, 타이어의 압력도 높아지지요. 그래서 여름철에는 타이어 공기 압력을 조금 줄이라고 하는 거예요.

반대로 추운 겨울철이 되면 가을에 비해 온도가 10~20도씨가 낮아져요. 온도가 낮아진 만큼 자동차 타이어 속 공기의 부피가 줄어들므로 타이어의 압력도 낮아지겠지요. 그래서 겨울철에는 타이어 공기 압력을 조금 늘리라고 하는 거예요.

그러나 최근에는 타이어를 생산할 때부터 이러한 부피와 압력 변화를 감안해 타이어를 만들기 때문에 운전자들이 타이어의 공기 압력을 따로 줄이거나 늘리지 않아도 된답니다.

타이어에 공기 대신 질소를?

자동차 타이어에는 공기를 채워 넣어요. 그런데 최근에 자동차 타이어에 공기 대신 질소를 채우면 성능이 좋아진다는 이야기가 있었어요. 질소가 공기를 이루는 기체 중 가장 안정성이 높은 기체라는 이유에서였지요.

안정성이 높다는 것은 무슨 의미일까요? 어떤 물질이 다른 물질과 잘 반응하면 성질이 변하여 부패하거나 변화를 일으키게 되어요. 하지만 반응을 하지 않으면 아무 일도 일어나지 않지요. 이렇게 다른 물질과 반응하지 않는 것을 안정성이 높다고 해요. 질소는 다른 물질과 거의 반응하지 않아요. 반면 산소의 경우 어떤 조건에 따라 다른 물질과 반응하는 성질이 있지요. 그래서 산소보다 질소가 안정성이 높은 물질이라고 하는 거예요.

과자를 살 때 과자 봉지를 잘 보면 봉지가 팽팽한 것을 볼 수 있을 거예요. 팽팽한 과자 봉지 안에는 질소가 가득 채워져 있지요. 앞서 말했듯이 질소는 다른 물질과 거의 반응하지 않기 때문에 과자가 오랫동안 부패되지 않고 보관될 수 있어서 질소를 넣은 것이지요.

하지만 전문가들에 의하면 자동차 타이어의 경우 질소를 채운다고 크게 달라지는 것은 없다고 해요. 실제 공기를 이루는 기체의 성분은 질소가 약 78퍼센트, 산소가 약 21퍼센트로 질소와 산소가 대부분이에요. 따라서 질소가 대부분인 공기를 채우는 것과 질소만 채우는 것이 별반 다르지 않다는 것이지요.

누구나 쉽게 할 수 있는 생활 속 **화학 실험**

물속에 가라앉아도 젖지 않는
종이배

종이배가 물속에 가라앉으면 어떻게 될까요? 당연히 젖을 거라고 생각할 거예요. 하지만 특별한 방법을 쓰면 물속으로 가라앉아도 종이배가 젖지 않는답니다. 어떻게 이런 일이 가능한지 실험을 통해 확인해 볼까요?

준비물

투명 플라스틱 컵, 종이배, 큰 투명 수조, 물

실험 과정

1 수조에 물을 채우고 그 위에 종이배를 띄워요.

2 투명 플라스틱 컵으로 종이배를 덮은 다음 물속으로 깊이 밀어 넣어요.

3 물속에 가라앉은 배를 살펴보면, 종이배가 젖지 않을 것을 볼 수 있어요.

신기한 실험 결과 알아보기

실험을 하기 전에는 플라스틱 컵을 물속으로 밀어 넣으면 컵에 물이 차면서 종이배가 물에 젖어 버릴 거라고 생각했을 거예요. 하지만 신기하게도 종이배는 물에 젖지 않은 상태 그대로 물속으로 밀려 들어가지요. 이런 현상이 생기는 이유는 바로 공기의 힘 때문이에요. 컵 속에 있던 공기가 물과 종이배를 밀어내면서 그대로 공간을 차지하고 있기 때문에 컵 안쪽으로 물이 들어오지 못하는 것이지요. 그래서 컵을 물속 깊이 밀어 넣어도 종이배가 물에 젖지 않는 거예요.

신나는 체육 시간

4

땀을 흘리고 나면 왜 시원해질까?

운동할 때 왜 땀이 날까?

온종일 책상 앞에 앉아 수업을 들어야 하는 친구들에게 체육 시간은 그야말로 꿀맛 같은 시간처럼 느껴질 거예요. 맘껏 움직이고 뛸 수 있는 시간이니까요. 이렇게 실컷 뛰고 움직이다 보면 어느새 땀이 나기 마련이지요. 그런데 땀은 왜 나는 건지 궁금하지 않나요?

땀이 나는 이유는 여러 가지가 있는데, 그중 하나는 몸의 적정 온도를 유지하기 위해서예요. 사람의 몸은 36.5~37.5도씨 정도의 온도를 유지하고 있어요. 체온이 이보다 많이 오르게 되면 세포가 필요로 하는 산소의 양이 늘어나게 되는데, 이것을 채워 주지 못하면 세포가 파괴되는 일이 생길 수 있지요. 그런데 운동을 하면 몸에서 열이 나게 되어요. 이 열이 체온을 높이는 데 이용된다면 큰일 나겠지요? 그래서 우리 몸은 열을 떨어뜨리기 위해 땀을 흘려 체온을 유지하는 거예요.

땀을 흘리면 시원해지는 이유

그렇다면 어떻게 땀으로 열을 식힐 수 있는 걸까요? 열심히 운동을 하다가 땀이 나면 시원해지는 것을 느끼게 되는데, 그 이유는 땀이 증발*할 때 주변의 열을 이용하기 때문이에요.

* 증발
액체 상태의 어떤 물질이 기체 상태로 변하는 것.

땀은 액체이고 땀이 증발하여 만들어지는 수증기는 기체예요. 그런데 액체보다 기체의 에너지가 더 높기 때문에 액체가 기체로 되기 위해서는 에너지, 즉 열에너지가 필요해요. 끓는 물을 한번 떠올려 볼까요? 액체인 물을 기체인 수증기로 만들기 위해서는 열을 가해 주어야 해요. 그렇게 물을 계속 가열하면 어느 순간 물의 온도가 100도씨가 되고, 점차 물의 양이 줄면서 수증기가 되어 날아가는 것이지요.

마찬가지로 액체인 땀이 기체인 수증기가 되기 위해서는 열이 필요한데, 이때 가열 기구가 없으므로 주변의 열을 이용하게 되는 거예요. 덕분에 열을 빼앗긴 주변의 온도는 낮아지게 되고 우리는 시원함을 느끼게 되는 것이지요. 이렇게 우리 몸은 운동으로 발생한 열을 땀을 통해 날려 보냄으로써 적정 체온을 유지할 수 있게 되는 것이랍니다. 더운 여름에 마당에 물을 뿌리면 시원해지는 것도 이와 같은 원리예요.

증발 현상은 어떻게 일어날까?

액체가 기체로 변하는 현상을 화학에서는 '기화'라고 해요. 자연에 존재하는 물은 우리가 따로 열을 가해 주지 않아도 스스로 증발하여 기체인 수증기가 되어요.

이러한 증발 현상은 물의 표면에서만 일어나는데, 그 이유는 물 표면에 있는 물 입자들의 서로 끌어당기는 힘이 물 내부에 있는 물 입자들보다 약하기 때문이랍니다. 즉, 물 내부의 입자들은 사방에서 서로를 끌어당기는 힘을 받지만 물 표면의 입자들은 물 내부의 입자들에 비해 끌어당기는 힘이 약하게 작용되어요. 그래서 물로부터 잘 떨어져 나가게 되어 증발하게 되지요. 또, 물 표면에서는 공기 입자들이 끊임없이 충돌하는 현상이 일어나는데, 공기가 충돌하면서 발생하는 힘이 물 입자 간의 서로 끌어당기는 힘을 더욱 약하게 만들어요.

이러한 이유로 물 표면에서는 물 입자들이 공기 중으로 날아가는 증발 현상이 계속 일어나요. 눈에 확 드러나지는 않지만 강물도, 바닷물도 끊임없이 증발을 하고 있답니다.

증발과 끓음의 차이

그렇다면 땀이 증발하여 수증기가 되는 것과 물이 끓어 수증기가 되는 것에는 어떤 차이가 있을까요? 앞서 이야기했듯이 땀이 증발하는 것은 주변의 열을 빼앗아 물의 표면에서 기화가 일어나는 것인 반면, 물이 끓는 것은 물에 가해지는 열을 통해 물의 전체에서 기화가 일어나는 거예요.

실제로 물이 끓는 모습을 자세히 관찰해 보면 처음 물이 끓기 시작할 때 냄비의 바닥에서부터 기포, 즉 수증기가 올라오는 장면을 볼 수 있어요. 그리고 그 기포가 점점 많아지다가 물이 펄펄 끓게 되면 물 전체에 기포가 생기는 것을 관찰할 수 있지요. 열을 가해 주니까 물 안쪽에서 표면까지 물 전체에 기화가 일어나는 거예요.

이처럼 증발과 끓음은 모두 물의 기화 현상이지만 기화하는 방법이 서로 다른 것이라 할 수 있답니다.

땀도 어떻게 흘리느냐에 따라 성분이 다르다고?

운동으로 땀을 흘릴 때와 일상생활에서 땀을 흘릴 때 땀을 이루는 성분이 다르다는 거 알고 있나요? 먼저, 땀은 99퍼센트가 물이고, 나머지 1퍼센트는 나트륨, 염소, 칼륨, 칼슘, 마그네슘 등과 같은 미네랄로 구성되어 있어요. 미네랄은 우리 몸에 꼭 필요한 5대 영양소 중 하나예요. 그런데 운동으로 흘리는 땀보다 일상생활에서 흘리는 땀에서 미네랄이 조금 더 많이 배출된다고 해요. 이 말은 운동이 아닌 방식으로 땀을 흘리는 건 우리 몸에 그다지 좋지 않다는 것을 의미해요. 왜냐하면 인체에 필요한 영양소들이 더 많이 빠져나

가는 거잖아요.

운동으로 흘리는 땀과 일상생활에서 흘리는 땀은 노폐물 배출에서도 차이가 난답니다. 운동으로 흘리는 땀은 몸에서 발생하는 열을 식히기 위해 나는 땀이에요. 체온 조절과 함께 몸의 기능을 높여 주어 노폐물 배출도 원활히 해 주는 고마운 땀이지요. 그래서 운동 후에 상쾌함을 느낄 수 있는 거예요.

하지만 사우나 같은 데서 흘리는 땀은 억지로 몸의 온도를 높여 배출된 것이기에 몸의 기능을 활성화시키는 활동이라고 볼 수는 없어요. 이런 경우 미네랄 배출은 많은 반면 노폐물 배출이 원활하지 않을 수 있어요. 이 때문에 장시간 고온에 있으면 오히려 몸이 안 좋아지는 느낌을 받는 것이지요. 억지로 땀을 흘리기보다는 운동으로 건강하게 땀을 흘리는 것이 몸에 훨씬 좋겠지요?

누구나 쉽게 할 수 있는 **생활 속 화학 실험**

순식간에 얼어 버리는 얼음 탑

보통 물을 얼음으로 만들려면 냉동실에 넣어 물의 온도를 낮춰 줘야 해요. 그런데 <겨울왕국>의 주인공 엘사처럼 물을 순식간에 얼려 얼음 탑을 만들 수 있는 방법이 있다는 거 알고 있나요? 어떻게 이런 일이 가능한지 실험을 통해 알아보아요.

준비물

생수, 얼음, 유리컵

실험 과정

1 생수를 냉동실에 두 시간 정도 넣어 두어요.

2 두 시간이 다 되어 갈 때쯤에 유리컵에 얼음을 수북이 담아 주어요.

3 냉동실에 넣어 두었던 생수를 얼음이 담긴 유리컵 위에 천천히 부으면, 물이 순식간에 얼면서 얼음 탑이 만들어져요!

신기한 실험 결과 알아보기

얼음 위에 생수를 부으면 순식간에 얼음 탑이 만들어지는 이유는 과냉각 현상 때문이에요. 과냉각 현상이란 주변 온도가 어는점 이하로 빠르게 내려가면 액체가 얼지 않고 그대로 액체 상태를 유지하는 것을 말해요. 물을 냉동실에 넣을 때도 과냉각 현상이 나타나는데, 갑자기 영하의 온도에 들어가니까 물이 어는 온도인 0도씨보다 훨씬 낮은데도 일정 시간 동안에는 얼음으로 변하지 않고 물 상태로 있게 되는 거예요. 물론 냉동실에 오래 두면 생수가 과냉각을 이기지 못하고 얼음으로 변하게 되지요.

과냉각 상태의 물은 조금만 충격을 가해도 얼음으로 변해요. 원래는 얼음 상태로 있어야 하는데 불안정하게 물 상태로 있기 때문이에요. 얼음 탑이 만들어지는 것은 과냉각 상태의 물을 얼음 위에 부을 때 충격이 발생하기 때문이랍니다.

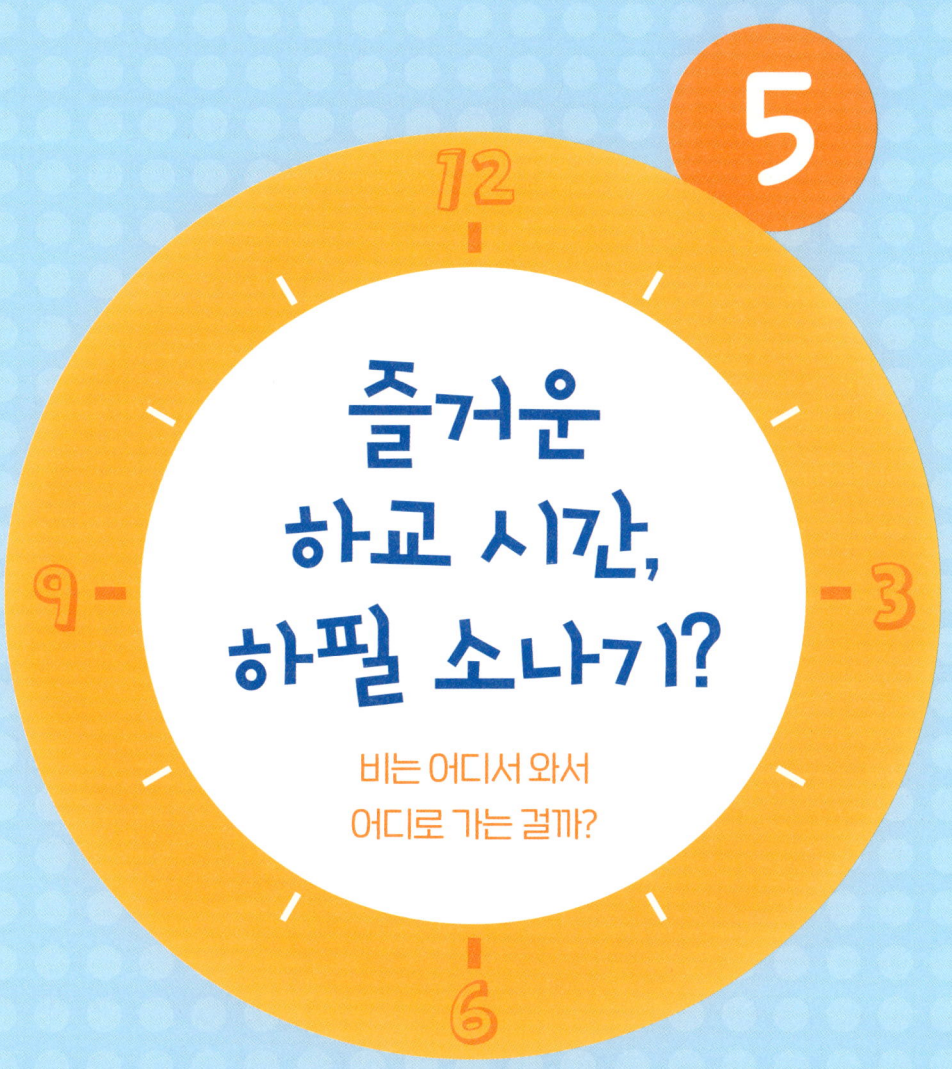

5

즐거운 하교 시간, 하필 소나기?

비는 어디서 와서
어디로 가는 걸까?

비는 어떻게 내릴까?

수업이 끝나고 집으로 돌아가는 즐거운 하굣길에 갑자기 내리는 소나기를 만난 경험이 한 번쯤 있을 거예요. 우산을 안 챙겨 온 날이라면 비처럼 미운 게 또 없겠지요. 하늘에서 내리는 비를 보면서 비는 도대체 어떤 원리로 내리는 건지 궁금했던 적 없나요?

비가 올 때 반드시 있어야 하는 게 구름이에요. 비는 구름을 통해 내리거든요. 하지만 구름이 있다고 무조건 비가 오는 것은 아니랍니다.

비가 내리는 원리를 이해하기 위해서는 구름 안에서 어떤 일이 일어나는지 알아야 해요. 구름은 무수히 많은 아주 작은 물방울들로 이루어져 있어요. 그런데 이 물방울 중에는 작은 물방울들이 뭉쳐 조금 커진 물방울도 있고, 그보다 더 커진 물방울도 있어요. 어느 정도 물방울이 커지면 더 이

상 무게를 이기지 못하고 아래로 떨어지기 시작하지요. 이게 바로 비가 내리는 원리예요.

구름은 어떻게 만들어질까?

그렇다면 구름은 어떻게 만들어지는 걸까요? 구름은 하늘 높은 곳에 있는 수증기가 낮은 온도 때문에 응결되면서 만들어진 것이에요. 응결이란 기체인 수증기가 엉겨 붙어서 물방울이 되는 현상을 말해요. 화학적 용어로 '액화'라고도 하지요.

기체가 액체가 되기 위해서는 조건이 필요해요. 바로 낮은 온도이지요. 기체가 액체보다 에너지가 높기 때문이에요.

지구의 하늘은 높이 올라갈수록 온도가 낮아져요. 구름은 대개 땅으로부터 10킬로미터 이내에 생기는데, 땅으로부터의 높이가 10킬로미터를 넘어가면 온도는 영하 40도씨 이하까지 떨어지게 된답니다. 수증기는 하늘 높이 오르다가 낮은 온도를 만나면서 응결되기 시작해요. 기체인 수증기가 액체인 물방울로 변하는 액화 현상이 일어나는 것이지요. 이때 수없이 작은 물방울들이 만들어지고, 이 작은 물방울들이 서로 뭉치면서 구름을 만드는 것이랍니다.

눈은 어떻게 내릴까?

우리나라와 같은 온대 지방이나 북극과 같은 한대 지방의 하늘을 올라가다 보면 온도가 영하 40도씨까지 내려가게 되어요. 구름 속의 물방울들이 더 높은 곳으로 올라가면 온도가 더 낮아져 점점 얼기 시작하고, 얼음 알갱이로 변하는 거예요. 그리고 주변에 있던 수증기들이 이 얼음 알갱이

들에 달라붙으면서 더욱 커지는 거지요. 이렇게 얼음 알갱이가 점점 커지면 무게를 이기지 못하고 아래로 떨어지게 되는데, 여름철에는 온도가 높기 때문에 아래로 떨어지면서 다시 녹아 비로 내리게 되는 것이고, 겨울철에는 온도가 낮기 때문에 얼음 알갱이가 그대로 떨어져 눈이 되는 거예요. 신기하지요?

돌고 도는 물의 순환

구름을 만드는 수증기는 어디에서 올까요? 앞서 이야기했듯이 자연에 있는 물들은 모두 증발하여 수증기로 변해요. 지구의 70퍼센트는 바다로 이루어져 있는데, 이 바닷물 역시 잠시도 쉬지 않고 증발을 하고 있지요. 수많은 호수와 강물들도 마찬가지예요. 이렇게 많은 물들이 증발하면서 만들어진 수증기가 하늘로 올라가 구름을 만드는 거지요.

그런데 이상하지 않나요? 물이 계속 증발한다면 호수나 강, 바다의 양이 줄어들어야 하는데, 전혀 줄어들지 않고 언제나 일정한 양을 유지하고 있잖아요. 바다의 경우 끊임없이 강물이 흘러 들어오니까 물의 양이 줄어들지 않는 것이 어느 정도 이해가 될 수도 있을 거예요. 그렇다면 호수나 강은 어떤가요? 호수는 물이 고여 있는 상태에서 증발하고, 냇물이나 강물의 경우 증발할 뿐만 아니라 끊임없이 바다로 흘러가기까지 하는데 어떻게 물의 양이 변하지 않는 걸까요?

그 비밀은 바로 비에서 찾을 수 있어요. 하늘에서 내린 비는 땅속으로 흘러 들어가 지하수가 되어요. 이 지하수가 다시 호수로, 시내로, 강으로 가기 때문에 마르지 않고 일정한 양을 유지할 수 있는 것이랍니다.

정리하면, 강이나 바다와 같이 자연에 존재하는 물은 증발하여 수증기가 되고, 이 수증기들은 하늘로 올라가 구름을 이루어요. 그리고 수증기들은 낮은 기온 때문에 구름 안에서 액체인 작은 물방울로 변하게 되지요. 작은 물방울은 서로서로 뭉치면서 점점 무거워지고, 결국 무게를 이기지 못해 땅으로 떨어져요. 이게 바로 비이지요. 땅으로 떨어진 비는 지하수로 흘러 들어가고, 강이나 바다로 가게 되어요. 이러한 일련의 과정을 '물의 순환'이라고 한답니다.

수증기가 곧바로 얼음으로 변하는 현상

물이 증발하여 수증기가 되거나, 물이 얼어 얼음이 되는 것을 화학에서는 '상태 변화'라고 해요. 그런데 기체인 수증기가 액체인 물을 거치지 않고 곧바로 고체인 얼음으로 변하는 경우도 있어요. 이 과정을 화학에서는 '승화'라고 해요. 추운 겨울이 되면 창문에 서리가 생기는 것도 바로 승화 현상이에요. 공기 중의 수증기가 차가운 유리에 달라붙으면서 곧바로 얼음으로 변하여 서리가 생기게 되는 것이지요.

눈이 내리는 원리도 사실 승화 현상의 결과라고 할 수 있어요. 구름에서 생긴 얼음 알갱이에 수증기가 달라붙어 얼음 알갱이가 점점 커지게 되고, 나중에는 무게를 이기지 못한 얼음 알갱이들이 눈이 되어 떨어지는 것이니까요.

누구나 쉽게 할 수 있는 생활 속 **화학 실험**

구름 없이도 내리는 비

비는 자연 현상 중 하나예요. 구름 속에 있는 작은 물방울들이 서로 뭉치면서 점점 크기가 커지고 무거워져 아래로 떨어지는 것이지요. 우리가 비구름을 만들 수는 없지만, 비가 내리는 원리를 이용하면 구름 없이도 비를 내리게 할 수 있어요. 실험을 통해 비를 만들어 볼까요?

준비물

뜨거운 물, 차가운 물, 주전자, 철로 된 냄비

실험 과정

1 주전자에 물을 넣고 펄펄 끓여 주어요. 뜨거우니까 조심해야 해요.

2 주전자에서 뜨거운 수증기가 나오기 시작하면 수증기 근처로 찬물을 담은 냄비를 가져다 대요.

51

3 냄비 아래에 하나둘 물방울이 맺히다가 곧 비처럼 내리기 시작해요.

신기한 실험 결과 알아보기

　냄비에 물방울이 맺히는 이유는 주전자에서 나온 수증기가 응결했기 때문이에요. 냄비 안에 있는 차가운 물로 인해 냄비 자체도 차가워지지요. 이때 주전자에서 나온 뜨거운 수증기가 차가운 냄비에 닿으면서 온도가 낮아지고 서로 엉겨 붙어 물방울이 되어 냄비에 맺히지요. 그리고 냄비에 맺힌 물방울들이 점점 뭉치고 커지면서 무거워져요. 그러다 무게를 이기지 못한 물방울들이 마치 비처럼 떨어지는 거예요. 비가 내리는 원리가 한눈에 보이지 않나요?

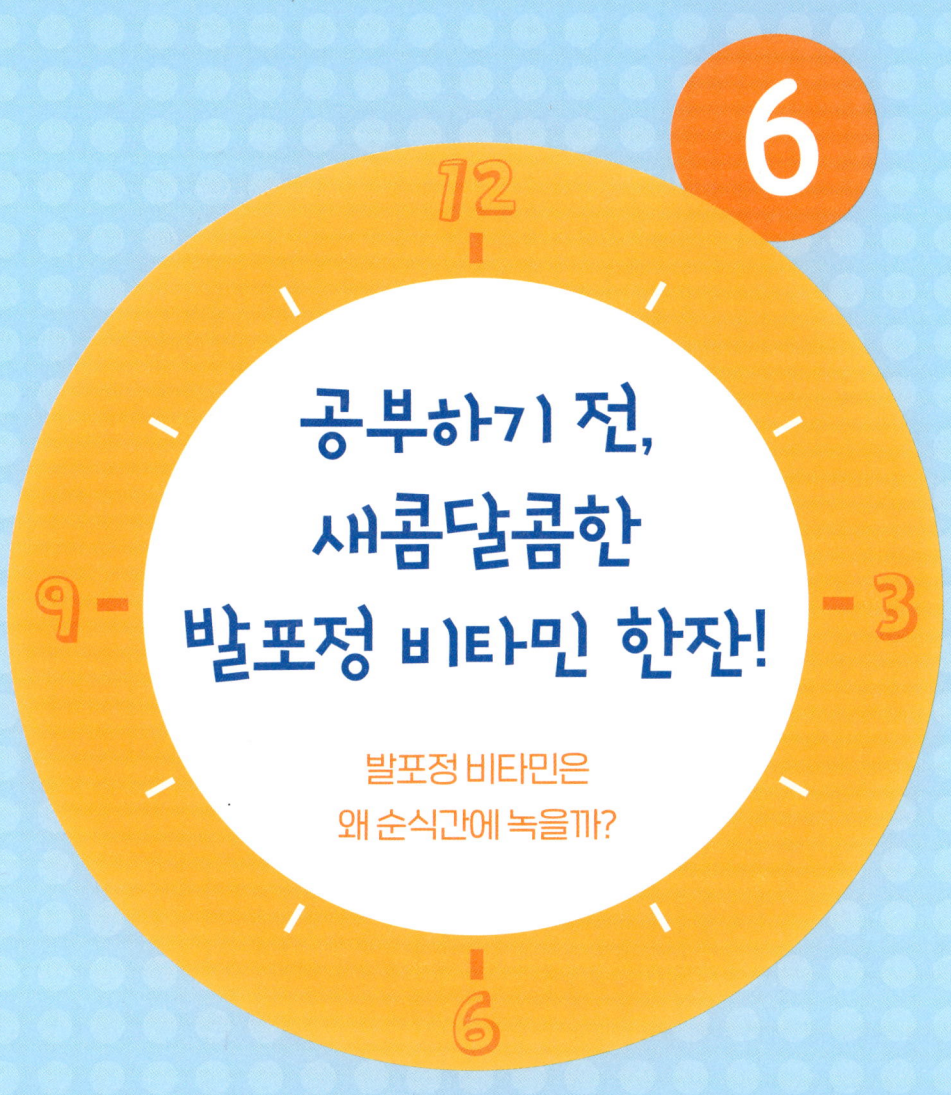

보글보글 물에 녹는 비타민

학교 수업이 끝났다고 해서 공부가 끝난 것은 아니지요. 집에서, 혹은 학원에서 그날 배운 내용을 복습하고 다음에 배울 내용을 예습해야 공부한 것이 진짜 내 것이 된답니다. 그런데 공부할 때 정말 중요한 것이 있어요. 바로 건강한 체력이지요. 건강한 체력을 가지는 방법에는 여러 가지가 있지만, 그중 하나가 비타민과 같은 영양제를 먹는 거예요.

그런데 비타민제가 대부분 알약 형태이다 보니 삼키기 어려워하는 사람들이 있어요. 알약을 잘 못 먹으면 평생 비타민을 먹을 수 없는 걸까요? 그렇지 않아요. 물에 녹여 먹을 수 있는 발포정 비타민이 있거든요.

동그란 모양의 발포정 비타민 한 알을 물에 넣으면 거품을 일으키며 빠르게 녹아 들어가는 신기한 모습을 볼 수 있어요. 물을 젓지 않아도 마치 엔진이 달린 배처럼 이리저리 움직이며 금세 녹아요. 그리고 어느새 발포정 비타민이 녹아 있는 물은 새콤달콤하고 살짝 쏘는 맛이 나는 비타민 주스로 변해 있지요. 도대체 발포정 비타민은 어떤 원리로 이런 요술을 부리는 걸까요?

발포정 비타민은 녹을 때 왜 거품이 날까?

발포정 비타민에는 각종 비타민 성분과 함께 탄산수소나트륨이란 물질이 포함되어 있어요. 흔히 집에서는 '식용 소다' 또는 '베이킹 소다'라고 부르는 하얀 가루 물질이에요. 달고나를 만들 때 설탕을 녹인 후 하얀 가루를 넣지요? 그게 바로 탄산수소나트륨이에요.

이 탄산수소나트륨은 물에 녹으면서 다음과 같은 분해 반응을 일으켜요.

$$\text{탄산수소나트륨} \xrightarrow{\text{(분해)}} \text{탄산} + \text{나트륨}$$

이때 생긴 탄산은 물에 그대로 녹아 있기도 하지만, 일부는 물에 녹지 못하고 다음과 같이 다시 분해 반응을 일으키기도 해요.

$$\text{탄산} \xrightarrow{\text{(분해)}} \text{물} + \text{이산화탄소}$$

탄산과 물은 액체의 형태로 존재하지만, 이산화탄소는 기체예요. 그래서 물속에 그대로 있지 못하고 거품을 일으키며 빠르게 빠져나와 공기 중으로 날아가 버리지요. 다시 말해 탄산수소나트륨을 포함하고 있는 발포정 비타민을 물속에 넣으면 탄산수소나트륨이 분해되면서 기체인 이산화탄소가 나오고, 이산화탄소들은 보글보글 거품을 일으키며 공기 중으로 빠져나가는 거예요.

발포정 비타민이 순식간에 물에 녹는 비밀

어떤 물질이 물에 녹으려면 물과 친한 성질이 있어야 해요. 식용유와 같은 기름은 물과 친한 성질을 가지고 있지 않아서 물에 넣으면 물 위에 둥둥 떠요. 반면 설탕과 소금의 경우는 물과 친한 성질이 있어서 물에 넣으면 녹아 버리지요.

그런데 설탕과 소금은 발포정 비타민처럼 물에 넣자마자 순식간에 녹아 버리지는 않아요. 왜 그럴까요? 물의 온도, 알갱이의 움직임, 입자의 크기

등 여러 요소의 영향을 받기 때문이에요. 각 요소들이 어떻게 영향을 끼치는지 하나씩 살펴볼게요.

우선, 물질은 차가운 물보다 뜨거운 물에서 더 잘 녹아요. 차가운 물보다 뜨거운 물의 에너지가 높기 때문에 설탕이나 소금의 알갱이들이 활발히 움직여 잘 섞이게 되거든요. 또, 설탕이나 소금을 넣은 다음 휘휘 저어 주게 되면 알갱이들이 활발히 움직일 수 있게 도와주어 젓지 않을 때보다 더 잘 녹게 되는 거예요.

이번에는 입자의 크기에 따라서는 어떻게 달라지는지 알아볼게요. 입자의 크기가 큰 굵은 소금과 입자의 크기가 작은 고운 소금이 있을 때, 둘 중 어느 것이 물에 더 잘 녹을까요? 정답은 바로 고운 소금이에요. 고운 소금이 굵은 소금보다 물과 만나는 표면적*이 훨씬 크고 많기 때문이지요.

좀 더 구체적으로 설명하자면, 먼저 한 변의 길이가 4센티미터인 정육면체를 떠올려 보세요. 이 정육면체의 표면적은 몇 제곱센티미터일까요? 정육면체는 가로 길이와 세로 길이 그리고 정육면체를 이루는 면의 개수인 6을 곱하면 표면적을 구할 수 있어요. 그렇다면 한 변의 길이가 4센티미터

*표면적
물체 겉면의 넓이.

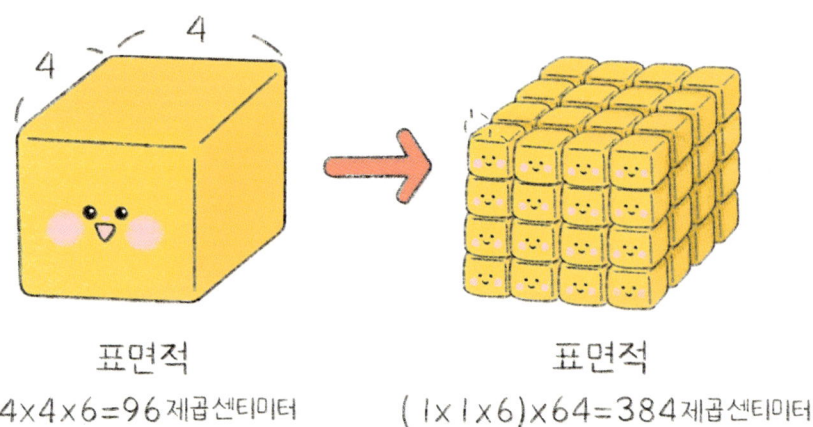

표면적
4×4×6=96제곱센티미터

표면적
(1×1×6)×64=384제곱센티미터

인 정육면체의 표면적은 96제곱센티미터가 되겠지요? 그런데 만약 이 정육면체를 한 변의 길이가 1센티미터인 정육면체가 되도록 쪼개면 어떻게 될까요? 64개의 정육면체가 생겨요. 그리고 64개의 정육면체의 표면적을 계산하면 무려 384제곱센티미터가 된답니다. 즉, 결과적으로는 동일한 크기일지라도 하나의 큰 덩어리보다는 작은 덩어리 여러 개로 나누었을 때 표면적이 더 커지게 되지요. 표면적이 넓을수록 물과 만나는 면적이 넓기 때문에 더 빠르게 녹는 거예요.

발포정 비타민이 빠르게 녹는 이유도 마찬가지예요. 발포정 비타민은 하나의 덩어리로 보이지만, 사실 물에 잘 녹는 물질을 가루처럼 아주 잘게 만든 다음 뭉쳐 놓은 거예요. 그래서 물과 만나게 되는 표면적이 무척 넓지요. 그렇기 때문에 발포정 비타민을 물에 넣으면 빠르게 녹아 버리는 거예요. 거기에다 약하기는 하지만 탄산수소나트륨이 분해하면서 발생되는 이산화탄소가 물을 저어 주는 역할까지 해 더 잘 녹을 수가 있는 것이랍니다.

물에 녹지 않는 발포정 비타민?

발포정 비타민은 물에 넣는 순간 거품을 내며 빠른 속도로 녹는 특징이 있지요. 그런데 발포정 비타민이 물에 녹지 않는 경우도 있답니다. 어떤 경우일까요? 간단한 실험을 통해 알아보아요.

먼저 발포정 비타민 세 알과 종이컵 세 개 그리고 물을 준비해요. 세 개의 종이컵에 각각 반 컵, 4분의 1컵, 한 스푼의 물을 부어 준 다음 발포정 비타민을 한 알씩 넣어요. 이때 발포정 비타민의 변화를 살펴보면, 물 반 컵을 넣은 종이컵 속 발포정 비타민이 가장 빨리 녹고, 그다음은 물을 4분의 1컵 넣은 종이컵, 마지막으로 한 스푼의 물만 넣은 종이컵 순일 거예요. 게다가 한 스푼의 물만 넣은 종이컵 속 발포정 비타민은 느리게 녹다가 결국에는 다 녹지도 못하지요.

왜 그런 걸까요? 물의 양에 그 비밀이 있어요. 어떤 물질이 물에 녹을 수 있는 최대한의 양을 화학에서는 '용해도'라고 불러요. 물에 대한 용해도는 물 100그램에 녹을 수 있는 용질의 그램 수로 표기해요. 아래 표를 보세요.

고체(그램)	온도(도씨)	0	20	40	60	80	100
설탕		179.0	204.0	238.0	287.0	362.0	485.0

0도씨의 물 100그램에는 설탕 179그램이 녹을 수 있어요. 이 말은 곧 물 100그램에 179그램 이상의 설탕을 넣게 되면 설탕이 녹지 않고 남아 있게 된다는 말이지요. 발포정 비타민도 마찬가지예요. 아무리 물에 잘 녹는 발포정 비타민이라 하더라도 용해도를 초과하면 물에 녹지 못한답니다. 단, 물의 온도를 높여 준다면 용해도를 증가시킬 수 있어요. 다시 표를 한번 보세요. 온도가 올라갈수록 물에 녹는 설탕의 양이 늘어나지요? 게다가 물의 온도가 20도씨만 되어도 물 100그램에 녹일 수 있는 설탕의 양이 물 양의 두 배가 넘게 되어요. 즉, 물질이 물에 녹을 때 물의 온도가 영향을 끼친다는 말이지요.

누구나 쉽게 할 수 있는 생활 속 **화학 실험**

발포정 비타민으로 발포되는 빨대 로켓

새콤달콤 맛있는 발포정 비타민! 물에 넣으면 보글보글 기포가 생기면서 순식간에 녹아 버리지요. 이번에는 이 발포정 비타민을 가지고 빨대 로켓을 날려 볼 거예요. 발포정 비타민이 빨대 로켓을 얼마나 높이 날릴 수 있는지 실험을 통해 알아보아요.

준비물

발포정 비타민, 캡 시험관, 스펀지, 스펀지 링, 양면테이프, 빨대, 로켓 그림, 찬물

실험 과정

1 로켓 그림을 그린 후 빨대 끝부분에 붙여 빨대 로켓을 만들어요.

2 빨대 로켓을 스펀지 링에 끼우고, 양면테이프를 이용해 캡 시험관의 캡에 붙여요.

3 스펀지에 구멍을 뚫어 캡 시험관을 세운 후 물을 넣어요. 그리고 나서 시험관 속에 발포정을 넣고 재빨리 빨대 로켓을 붙인 캡으로 시험관을 닫아 주면, 로켓이 발사되어요.

신기한 실험 결과 알아보기

빨대 로켓이 진짜 로켓처럼 하늘로 날아가는 이유는 발포정 비타민이 만들어 낸 기포, 즉 이산화탄소의 힘 때문이에요. 이산화탄소는 액체에 녹지 못하고 공기 중으로 날아가려고 하지요. 그런데 시험관을 캡으로 막아 놓았으니 공기 중으로 날아가지 못하겠지요? 그러면 시험관 안에 이산화탄소가 가득 차게 되는데, 비좁은 공간에서 벗어나 밖으로 빠져나가려는 이산화탄소의 힘에 의해 시험관 캡이 밀리고, 결국 빨대 로켓이 하늘로 날아가게 되는 거예요. 이 실험은 빨대 로켓이 발사되면서 거품이 튈 수 있으니까 욕실이나 운동장 같은 야외에서 하는 것이 좋아요.

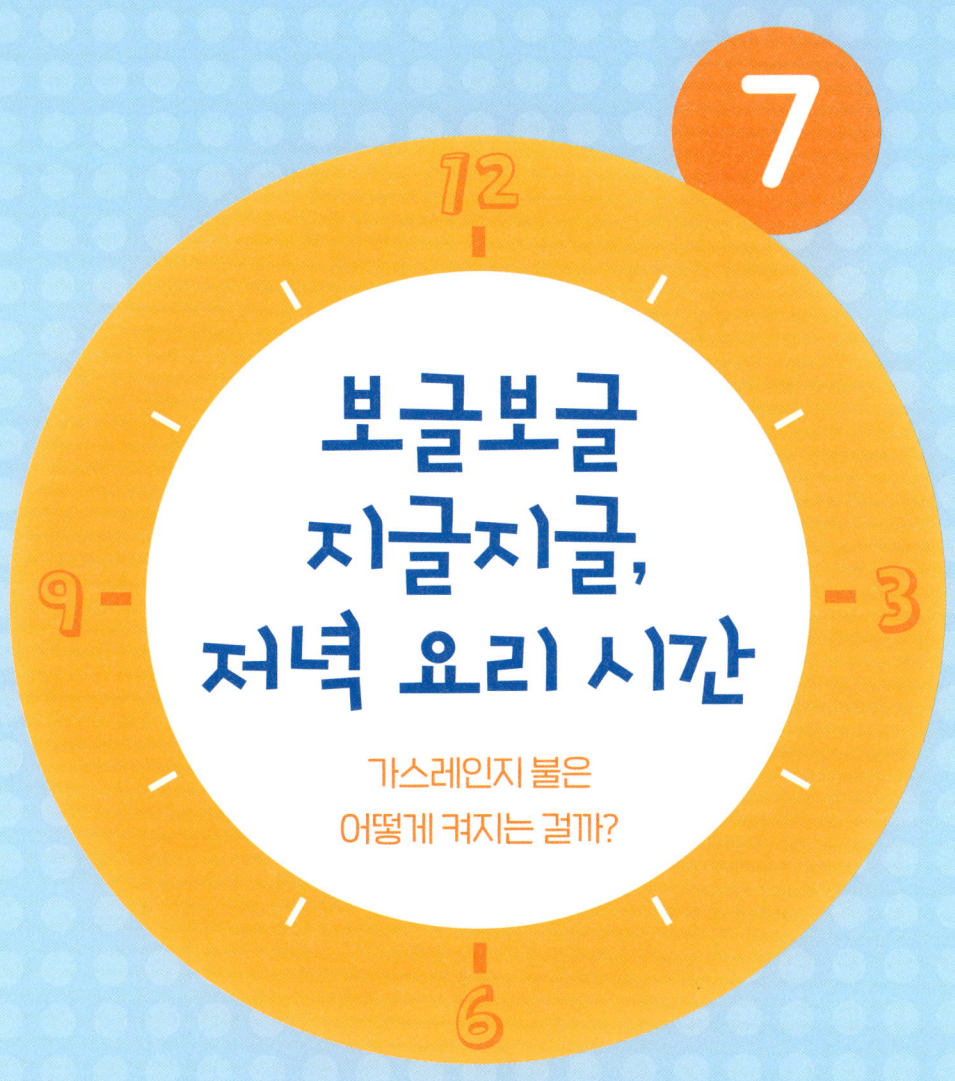

보글보글 지글지글, 저녁 요리 시간

7

가스레인지 불은 어떻게 켜지는 걸까?

가스레인지는 어떻게 불을 켤까?

보글보글 지글지글, 부엌에서 저녁을 준비하는 소리가 들리면 오늘은 어떤 맛있는 반찬이 나올까 기대되지 않나요? 가스레인지를 이용해 찌개를 끓이기도 하고, 생선을 굽기도 하면서 저녁상을 준비해요. 생각만 해도 군침이 도는 요리 시간에도 화학 현상이 숨어 있답니다. 바로 불이에요.

화학에서는 어떤 물체에 불이 붙는 것을 한자 '탈 연(燃)' 자에 '불사를 소(燒)' 자를 써서 '연소 반응'이라고 해요. 불이 그냥 생기는 것처럼 보이지만 불이 붙기 위해서는 꼭 필요한 세 가지 요소가 있어요. 가연물과 산소, 점화원이지요.

먼저, 가연물이란 불에 타는 물질을 말해요. 나무, 종이, 휘발유, 가스 등 가연물의 종류는 다양해요. 그리고 산소는 우리가 숨을 쉬는 데에 꼭 필요한 요소로, 공기 중에 포함되어 있지요. 마지막으로 점화원이란 가연물을 태울 만한 높은 온도의 열을 말해요. 이 세 가지 중 하나라도 없으면 절대 불을 만들 수 없지요. 그래서 이 세 가지를 합쳐서 연소의 3요소라고 불

러요.

그렇다면 가스레인지 불은 어떻게 켜지는 걸까요? 보통 가정에서 사용하는 가스레인지에는 도시가스가 이용되어요. 도시가스는 말 그대로 가스, 즉 기체인데 불이 잘 붙는 성질이 있어요. 가스레인지를 보면 도시가스가 흘러 들어오는 관이 연결된 것을 볼 수 있어요. 그리고 이 관에는 밸브가 설치되어 있지요. 밸브를 잠그면 통로가 막혀 도시가스가 흘러 들어오지 못하고 밸브를 열면 통로가 열려 도시가스가 흘러 들어와요. 이렇게 해서 가연물, 즉 탈 물질을 얻는 거예요.

다음으로 산소가 필요한데, 가스레인지는 이미 공기 중에 노출되어 있으니까 산소도 쉽게 얻을 수 있어요. 마지막으로 도시가스를 태울 만한 높은 온도의 열이 있어야겠지요? 이것은 가스레인지에 있는 불꽃을 일으키는 장치로 해결할 수 있어요. 가스레인지를 잘 보면 돌릴 수 있는 손잡이나 누르는 버튼 형식의 장치가 있을 거예요. 이 장치를 작동시키면 불꽃이 일어나 도시가스에 불이 붙게 되는 것이랍니다.

불이 꺼지는 원리

요리가 끝나면 가스레인지 불을 꺼야 해요. 이때 가스레인지의 손잡이나 버튼 장치를 이용하면 간단히 불을 끌 수 있어요. 불 역시 그냥 꺼지는 줄 알았겠지만, 쉿! 여기에도 화학의 비밀이 숨어 있답니다.

불을 끄는 것을 '소멸할 소(消)' 자에 '불 화(火)' 자를 써서 '소화'라고 해요. 연소가 되려면 연소의 3요소가 반드시 있어야 한다는 조건이 있듯이, 소화에도 반드시 필요한 조건이 있어요. 앞에서 연소의 3요소 중 하나라도 없으면 불이 붙지 않는다고 했지요? 소화의 조건은 바로 여기에서 찾을 수 있어요. 연소의 3요소 중 하나 또는 그 이상을 없애 버리는 거예요. 예를 들어 탈 물질을 없애 버리거나, 산소 공급을 차단하거나, 온도를 낮춰 버리는 거지요. 이렇게 하면 불이 꺼지게 된답니다.

가스레인지의 경우 연소의 3요소 중 탈 물질, 즉 도시가스 공급을 차단하는 방법으로 불을 꺼요. 가스레인지의 손잡이를 원래대로 돌리거나 버튼을 누르면 도시가스 공급이 즉시 중단되어 불이 꺼지게 되는 거예요. 그리고 밸브까지 잠그면 불이 켜질 일은 절대 발생하지 않게 되지요.

물이 오히려 불을 키울 수 있다고?

가끔 소방차가 요란한 사이렌 소리를 울리며 지나갈 때면 사람들은 어디에서 불이 났는지 걱정을 해요. 불이 난 곳이 다 탈 뿐만 아니라 자칫하면 생명도 위험할 수 있기 때문이에요.

화재가 발생했을 때 소방관들이 불을 끄기 위해 커다란 호스로 물을 뿌리는 모습을 많이 봤을 거예요. 그런데 불이 나면 왜 물을 뿌리는 걸까요?

먼저 차가운 물을 뜨거운 불에 뿌리면 온도가 낮아져요. 연소의 3요소 중 탈 수 있는 온도를 낮춰서 불을 끄는 원리를 이용한 거지요. 또, 불이 난 곳에 물을 뿌리면 물이 탈 물질을 덮어 버리는 역할을 하게 되어 탈 물질로부터 산소가 공급되는 것을 차단시켜요. 연소의 3요소 중 산소 공급을 막는 방법도 함께 이용하는 거지요. 물은 이처럼 불을 끄는 데 훌륭한 도구로 이용되고 있어요.

그래서인지 불이 났을 때 사람들은 불을 끄기 위해 가장 먼저 불에다 물을 뿌리곤 해요. 하지만 물을 뿌린다고 해서 모든 불을 다 끌 수 있는 건 아니랍니다. 휘발유와 같은 기름에 불이 붙었을 때는 절대 물을 뿌리면 안 돼

요. 불이 더 크게 번지게 되거든요. 왜 기름에 붙은 불은 물로 꺼지지 않는 걸까요? 그 이유는 물이 기름보다 더 무겁기 때문이에요. 기름에 붙은 불에 물을 뿌리게 되면, 무거운 물이 자신보다 가벼운 기름을 위로 밀어 올리고 자신은 아래로 내려가지요. 그러면 위로 올라온 기름에 불이 붙게 되고, 불이 더 크게 번지게 되는 거예요. 따라서 기름에 불이 붙었을 때는 연소의 3요소 중 산소를 제거해 불을 끄는 방법을 이용해야 해요. 기름을 모래로 덮어 버리거나 소화기를 이용하는 거지요. 소화기에는 온도를 내려 주는 물질과 산소를 차단하는 물질이 들어 있어요. 만약 요리를 하다가 기름에 불이 붙었는데 모래나 소화기가 없다면, 뚜껑 같은 것을 덮는 것도 좋은 방법이에요. 뚜껑을 덮음으로써 산소 공급을 차단할 수 있거든요.

불은 어떻게 사용하느냐에 따라 좋은 불이 될 수도 있고, 무서운 불이 될 수도 있어요. 그렇기 때문에 불이 켜지고 꺼지는 화학의 원리는 기본적으로 알아 두는 것이 중요하답니다.

도시가스의 정체

가정에 공급되는 도시가스로는 천연가스와 석유 가스가 사용되어요. 둘 다 불에 잘 타는 성질을 가지고 있지요. 천연가스는 원유를 얻을 때, 석유 가스는 원유를 분리할 때 얻어져요. 1980년대까지는 석유 가스가 많이 사용되었지만 지금은 대부분 천연가스를 사용하고 있어요. 왜 그럴까요?

무게가 서로 다른 기체가 만나면 무거운 기체는 아래로, 가벼운 기체는 위로 이동해요. 만약 가스가 집 안에 노출되면, 석유 가스는 공기보다 무거워 아래로 가라앉아 버려요. 그래서 예전에는 집 안에 가득 찬 석유 가스로 인해 폭발 사고가 많이 일어났다고 해요. 하지만 공기보다 가벼운 천연가스는 창문을 열어 두면 창문을 통해 밖으로 빠져나가 버려요. 석유보다 훨씬 더 안전하지요. 그래서 도시가스로 공기보다 가벼운 천연가스를 주로 사용하고 있는 거예요.

누구나 쉽게 할 수 있는 생활 속 **화학 실험**

저절로 꺼지는 양초

양초에 붙은 불을 끌 때 어떤 방법으로 끄나요? 대부분 입으로 후 하고 바람을 불어 끌 거예요. 이번 만큼은 색다르게 꺼 보는 건 어떨까요? 불이 스스로 꺼지게 만드는 거지요. 저절로 꺼지는 불이라니, 신기하지 않나요? 실험으로 확인해 보아요.

준비물

접시, 물감, 물, 양초, 라이터, 유리컵

실험 과정

1 양초에 불을 붙여요. 그다음 접시에 촛농을 떨어뜨린 후 촛농 위에 양초를 세워 꾹 눌러 줘요.

2 양초가 잘 고정되었으면 물에 물감을 풀어 준 후 접시에 부어 주어요. 양초가 쓰러지지 않게 조심해야 해요.

3 양초 위로 유리컵을 덮어 주어요. 뜨거우니까 조심해야 해요. 시간이 조금 흐르면 양초의 불이 저절로 꺼지면서 접시에 있던 물이 컵 속으로 밀려 올라와요.

신기한 실험 결과 알아보기

어떻게 양초의 불이 저절로 꺼지는 걸까요? 불이 계속 붙기 위해서는 산소가 필요한데, 유리컵 속에 있던 산소가 모두 사용되어서 불이 꺼진 거예요. 앞에서 이야기했던 연소의 3요소 중 산소가 없어진 거지요. 불이 꺼질 때 유리컵 속으로 물이 밀려 들어온 것도 확인했나요? 이 현상은 공기의 압력에 차이가 생기기 때문에 나타나는 거예요. 액체나 기체에 열이 가해지면 따뜻한 것은 위로 올라가고, 차가운 것은 아래로 내려가는 성질이 있어요. 유리컵 안쪽의 공기가 불로 인해 바깥쪽 공기보다 뜨거워지니까 이때 압력의 차이가 생긴답니다. 유리컵 속 공기가 위로 올라가려고 하면서 물을 끌어올리고, 바깥 공기는 아래로 내려가려고 하면서 물을 밀어내 유리컵 속으로 물이 밀려 들어가는 거예요. 어때요, 신기하지요?

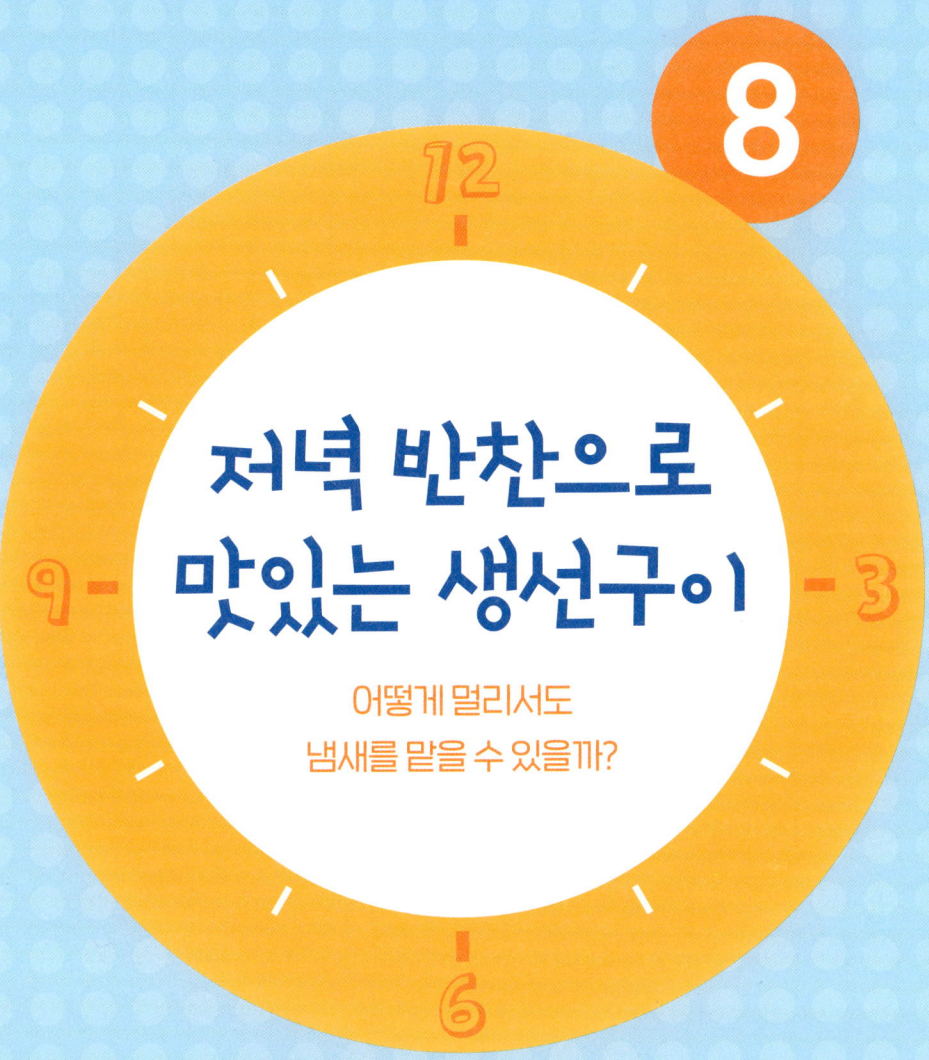

8 저녁 반찬으로 맛있는 생선구이

어떻게 멀리서도 냄새를 맡을 수 있을까?

고소한 생선구이 냄새가 거실까지 풀풀

즐거운 저녁 시간, 반찬으로 맛있는 생선구이가 나오는 날이면 집 안 가득 생선구이 냄새가 진동해요. 우리는 의식하지 않아도 냄새를 맡을 수 있기 때문에 냄새를 맡는 일이 그저 당연한 일이라고 여기기 쉬워요. 그런데 여기에도 화학의 원리가 있답니다.

사람이 냄새를 맡는 이유는 냄새를 풍기는 물질들이 공기 중에 떠다니기 때문이에요. 냄새를 풍기는 물질들을 냄새 분자라고 해요. 분자란 물질의 성질을 가진 알갱이 중 가장 작은 알갱이를 말해요. 분자는 분자 현미경*으로 봐야 겨우 볼 수 있을 정도로 매우 작지요.

*분자 현미경
매우 작은 분자까지 볼 수 있는 초고배율 현미경.

이렇게 작은 냄새 분자들은 공기보다 가볍기 때문에 공기 중을 떠다녀요. 그러다가 우리 코 앞까지 오게 되는 거지요. 코 안에는 냄새를 맡는 세포가 있는데, 냄새 분자가 이 세포에 달라붙는 순간 우리가 냄새를 맡게 되는 거예요.

냄새가 퍼져 나가는 이유

생선구이 냄새를 부엌뿐만 아니라 집 안 전체에서 맡을 수 있다는 사실을 통해 우리는 냄새가 퍼져 나간다는 사실을 알 수 있어요. 그렇다면 냄새는 왜 퍼져 나가는 걸까요? 바로 농도의 균형을 이루려는 자연의 성질 때문이에요.

화학에서는 일정한 공간에 분자의 개수가 많은 것을 농도가 높다고 해요. 예를 들어 처음에는 생선이 구워지는 프라이팬 주변에만 냄새 분자의 농도가 아주 높고, 부엌을 제외한 다른 공간에는 냄새 분자가 하나도 없어요. 부엌의 냄새 분자 농도가 100이라고 한다면, 다른 공간의 냄새 분자 농

도는 0일 거예요. 이렇게 농도에 차이가 있을 때 농도의 균형을 이루려면 어떻게 해야 할까요? 냄새 분자가 많은 곳에서 적은 곳으로 이동하면 되겠지요? 냄새 분자들은 농도가 높은 부엌에서 농도가 낮은 거실로 이동하기 시작해요. 그리고 냄새 분자의 이동은 균형을 이룰 때까지 계속되지요. 그래서 부엌에서만 나던 냄새가 결국 집 안 전체로 다 퍼져 나가게 되는 거예요. 이처럼 어떤 물질이 퍼져 나가는 것을 화학에서는 '확산'이라고 해요. 친구가 방귀를 끼면 자연스럽게 독한 방귀 냄새를 맡게 되는 것도 냄새 분자의 확산 때문이랍니다.

방향제는 냄새를 어떻게 없애는 걸까?

아무리 맛있는 생선구이이지만, 집 안 전체에 냄새가 계속 배어 있으면 싫겠지요. 이럴 경우 어떻게 해야 생선구이 냄새를 없앨 수 있을까요? 환기를 시키는 것이 가장 좋은 방법이지만 시간이 조금 걸릴 수 있어요. 짧은 시간에 냄새를 없애는 방법으로는 방향제가 있어요. 방향제는 어떤 원리로 냄새를 제거하는 걸까요?

방향제가 냄새를 없애는 원리는 크게 두 가지로 나눌 수 있어요. 첫 번째 방법은 좋은 냄새로 생선구이 냄새를 덮어 버리는 거예요. 방향제를 뿌리면 앞서 이야기한 확산의 원리로 방향제 입자도 집 안 곳곳으로 퍼져 나가게 되고, 결국에는 냄새 분자와 고루 섞이게 되어요. 이때 방향제 입자가 내는 향이 생선구이 냄새가 내는 향보다 더 강하기 때문에 생선구이 냄새가 나지 않게 되는 거지요. 하지만 이 방법은 생선구이 냄새를 아예 없애는 것이 아니라 다른 냄새로 덮는 방식이기 때문에 방향제 냄새가 사라지면 다시 생선구이 냄새가 날 수도 있다는 단점이 있어요.

두 번째 방법은 방향제의 성분들이 생선구이 냄새 분자들을 아예 분해하거나 붙들어 두는 거예요. 이런 종류의 방향제를 탈취제라고 부르는데, 대표적인 탈취제로는 숯이 있어요. 숯에는 아주 작은 구멍들이 많아요. 자그마한 숯에 구멍이 있어 봐야 얼마나 있겠냐고 생각할 수 있지만, 현미경으로 들여다보면 셀 수 없이 많은 구멍이 있다는 걸 알 수 있어요.

숯은 주변의 물질을 붙잡는 성질이 있어요. 냄새 분자가 농도의 균형을 맞추기 위해 숯 주변으로 오면, 숯이 냄새 분자들을 붙잡아 숯에 있는 구멍들 속에 가두어 버리지요. 농도가 맞추어질 때까지 냄새 분자들은 계속 확산된다고 했지요? 냄새 분자들은 계속 숯 주변까지 이동하고, 숯은 주변으로 온 냄새들을 잡아 가두어요. 그리고 이 과정이 반복되면서 냄새 분자들이 점점 없어지게 되는 거예요. 물론 넓은 공간은 숯만으로 냄새를 없애는 데 한계가 있기 때문에 주로 냉장고와 같은 좁은 공간에 사용해요.

냄새 분자를 분해하는 능력을 가진 화학 성분과 반응시켜 냄새 분자를 제거하는 탈취제도 있어요. 빨래할 때 넣는 섬유 탈취제가 그 예예요. 섬유 탈취제의 입자들은 옷에 달라붙어 있는 냄새 입자들을 감싼 후 그대로 냄새 분자들과 함께 증발해 버린답니다.

몸에 해롭지 않은 천연 탈취제

탈취제는 악취를 없애 준다는 점에서 매우 고마운 존재예요. 하지만 시중에서 판매하는 탈취제에는 몸에 해로운 화학 물질이 들어 있어 너무 많이 사용하면 몸에 좋지 않아요.

그렇다면 몸에 해롭지 않은 탈취제는 없을까요? 물론 있어요. 천연 탈취제를 사용하면 된답니다. 앞서 살펴본 숯 외에 커피 찌꺼기도 천연 탈취제로 사용되어요. 커피 찌꺼기는 아주 작은 알갱이로 되어 있어 숯처럼 안 좋은 냄새 분자들을 붙들어 두는 능력이 있어요. 게다가 향이 없는 숯과 달리 은은한 커피 향기도 나지요.

냉장고에서 나쁜 냄새가 날 때 쓰기 좋은 탈취제도 있어요. 바로 식빵이에요. 유통 기한이 지난 식빵을 냄새 나는 냉장고 안에 넣어 두어 보세요. 식빵 표면에 있는 무수히 많은 구멍들이 냄새 분자들을 붙들어 악취를 없애 버린답니다.

누구나 쉽게 할 수 있는 생활 속 **화학 실험**

춤추는 숯

냄새를 없애 주는 천연 탈취제인 숯의 표면에는 눈으로 보이는 것보다 훨씬 많은 구멍이 있다고 했지요? 이 특징을 활용해서 혼자서 춤추는 숯을 만들어 보려고 해요. 숯이 춤을 춘다니, 어떤 모습일지 궁금하지 않나요? 실험을 통해 확인해 보세요.

준비물

투명한 유리컵 두 잔, 물, 사이다, 활성탄(숯 알갱이)

실험 과정

1 투명한 유리컵 두 잔에 활성탄을 각각 넣어 주어요.

2 한 컵에는 물을, 다른 한 컵에는 사이다를 부어요.

75

3 활성탄이 위아래로 확 갈라지면서 마치 살아 있는 것처럼 마구 움직여요. 흥겹게 춤을 추는 듯 보이지 않나요?

신기한 실험 결과 알아보기

물이나 사이다 속에서 움직이는 활성탄을 자세히 보면 활성탄에서 아주 작은 기포들이 끊임없이 나오는 것을 볼 수 있어요. 왜 기포가 생기는 걸까요? 그 이유는 활성탄 표면의 미세한 구멍이 산소와 같은 기체를 많이 품고 있기 때문이에요. 기체는 물에 잘 녹지 않아요. 그래서 활성탄이 물과 만나는 순간 구멍에 있던 기체들이 물 밖으로 빠져나오려고 하지요. 기체들이 빠져나오면서 활성탄이 움직이는 거예요. 물에서보다 사이다에서 활성탄의 움직임이 더 큰데, 사이다에 있는 이산화탄소까지 공기 중으로 나가려고 하다 보니 더 활발하게 움직이는 거지요.

이러한 활성탄의 성질을 활용해 어항에 활성탄을 넣기도 해요. 보통은 어항에 수중 모터를 넣어 끊임없이 기포를 발생시킴으로써 청결을 유지해요. 그런데 활성탄을 깨끗이 씻어 어항에 넣으면 활성탄이 기체를 뿜어내서 따로 모터를 켜 두지 않아도 어항 속 청결을 유지할 수 있답니다.

9

오늘 야식은 치킨과 콜라!

콜라는 왜 톡 쏠까?

톡톡 목구멍을 자극하는 콜라

저녁을 든든히 먹었는데도 늦은 저녁이 되면 출출할 때가 있어요. 이럴 때 야식이 떠오르곤 하지요. 바삭바삭 잘 튀긴 치킨에 톡 쏘는 시원한 콜라까지 마시면 딱이겠지요? 그런데 우리가 즐겨 마시는 콜라와 같은 탄산음료도 화학과 관련이 있다는 걸 알고 있나요?

탄산음료는 기존 음료에 이산화탄소를 녹인 음료로, 톡 쏘는 느낌을 주는 특징이 있지요. 왜 탄산음료는 마실 때 톡 쏘는 느낌이 나는 걸까요? 이산화탄소가 물에 녹으면 탄산이란 물질을 만들어 내는데, 이 탄산이 톡 쏘는 느낌을 주는 것이랍니다.

$$\text{물} + \text{이산화탄소} \xrightarrow{\text{(물에 녹임)}} \text{탄산}$$

만약 이산화탄소가 많이 녹아 있으면 탄산이 더 많이 만들어져 톡 쏘는 느낌이 더욱 강하게 나고, 적게 녹아 있으면 그만큼 탄산이 적게 만들어져 톡 쏘는 느낌이 덜 나는 거예요. 흔히 탄산음료를 오래 두고 마시다 보면 '김빠졌다'라는 말을 하지요? 이것은 이산화탄소가 공기 중으로 많이 빠져나가 톡 쏘는 느낌이 약해졌다는 것을 의미하는 거예요.

사실 이산화탄소는 기체 중에서도 물에 잘 녹지 않는 기체예요. 그런데 탄산음료에는 이산화탄소를 어떻게 녹여 놓은 걸까요? 기체는 온도가 낮을수록 그리고 압력이 높을수록 물에 잘 녹는 성질을 가지고 있는데, 바로 이 성질을 이용한 거예요.

탄산음료를 만들 때에는 보통의 온도와 압력에서는 물에 잘 녹지 않는

이산화탄소를 탄산음료에 녹이기 위해 더 높은 압력과 더 낮은 온도를 이용해요. 이렇게 이산화탄소를 강제로 녹인 후 병에 담고 뚜껑을 닫아 버리면 우리가 마시는 탄산음료가 완성되는 거지요.

콜라 마시고 나면 왜 트림이 날까?

콜라를 마시고 나면 나도 모르게 트림이 나오곤 해요. 이것은 마치 우리가 콜라 뚜껑을 열 때 쏴 하고 기포가 올라오는 것과 같은 현상이에요.

높은 압력을 준 후 막아 버린 뚜껑을 따면 콜라 안쪽의 압력은 낮아지겠지요. 앞서 이산화탄소는 압력이 높아지면 잘 녹고 낮아지면 잘 녹지 못한다고 했잖아요. 따라서 뚜껑을 따면 억지로 높여 놓았던 압력이 낮아지게 되니까 그 안에 녹아 있던 이산화탄소가 더 이상 콜라에 녹지 않고 바깥으로 빠져나가게 되는 거지요. 그래서 쏴 하고 기포가 올라오는 거예요. 이산화탄소가 계속 빠져나오고 있는 상태인 콜라를 마셔 버리면 어떻게 될까요? 몸속에 들어가 있는 상태에서 이산화탄소가 빠져나오겠지요. 그 이산화탄소들이 모여 한꺼번에 트림으로 나오게 되는 거예요.

이렇듯 처음 뚜껑을 따면 이산화탄소가 순식간에 빠져나가 버려요. 그렇다면 한 번 뚜껑을 딴 콜라에서는 더 이상 톡 쏘는 맛을 느낄 수 없는 걸까요? 아니에요. 어떻게 보관하느냐에 따라 톡 쏘는 맛을 좀 더 오래 즐길 수 있어요.

뚜껑을 딴 콜라를 냉장 보관할 때와 바깥에 두었을 때 콜라의 톡 쏘는 맛이 다르다는 걸 느낀 적이 있었을 거예요. 이건 온도와 관련이 있어요. 온도가 낮을수록 이산화탄소가 잘 녹고 온도가 높을수록 잘 녹지 않는다고 했지요? 냉장 보관된 콜라는 온도가 낮으니까 뚜껑을 따기 전보다는 못하겠지만 여전히 톡 쏘는 맛을 즐길 수 있어요. 하지만 바깥에 둔 콜라는 온도가 높으니까 이산화탄소가 더 많이 빠져나와 톡 쏘는 맛이 줄어들게 되는 거지요. 그러니까 콜라의 톡 쏘는 맛을 오래 즐기고 싶다면 뚜껑을 잘 닫은 후 차가운 곳에 보관하면 된답니다.

콜라는 왜 몸에 안 좋을까?

콜라 같은 탄산음료를 마시면 어른들은 몸에 안 좋다며 많이 마시지 말라고 한 소리를 해요. 콜라가 정말 몸에 안 좋은 걸까요?

탄산음료는 달콤한 맛을 내기 위해 설탕을 많이 넣어요. 과도한 설탕 섭취는 비만을 유발하고, 면역 세포의 능력을 떨어뜨리는 등 몸에 좋지 않아요. 그래서 설탕의 양을 줄인 탄산음료들도 판매하고 있지만, 그래도 어느 정도 달콤한 맛을 내기 위해서는 일정량의 설탕이 들어갈 수밖에 없지요.

또, 탄산음료는 치아를 상하게 해요. 탄산은 이름에서 알 수 있듯이 산성을 띠는 물질이에요. 산성을 띠는 물질을 화학에서는 '산'이라고 부르는데, 산은 칼슘을 녹이는 성질이 있어요. 문제는 우리의 치아를 이루는 성분에 칼슘이 포함되어 있다는 사실이에요.

산이 치아를 녹이는 현상이 눈에 확 보이지는 않다 보니 심각성을 모를 수 있어요. 그렇다면 달걀 껍데기를 식초에 담가 보세요. 일정 시간이 흐르면 달걀 껍데기 표면에 기포가 생기고, 나중에는 달걀 껍데기 표면이 벗겨져 나가는 현상을 볼 수 있을 거예요. 달걀 껍데기에는 치아와 마찬가지로 칼슘이 들어 있는데, 식초의 산이 칼슘을 녹여서 달걀 껍데기 표면이 벗겨지는 거지요. 그런데 식초의 산성과 콜라의 산성을 비교해 보면 콜라의 산성이 조금 더 세다고 해요. 탄산음료가 우리의 치아에 얼마나 안 좋은 영향을 주는지 짐작이 되나요?

콜라가 뼈에도 영향을 준다고?

대개 탄산음료는 달콤하면서 중독되는 맛이 있어요. 그래서 한번 마시면 계속 생각이 나지요. 맛있는 햄버거나 피자, 치킨, 고기 등을 먹을 때 특히 더 찾게 되어요.

탄산음료가 중독성을 갖는 이유는 탄산음료를 이루고 있는 성분에서 찾을 수 있어요. 탄산음료는 물, 액상 과당, 색소, 카페인, 향료, 탄산, 산도 조절제* 등으로 이루어져 있어요. 이 중 액상 과당, 산도 조절제 등은 새콤달콤한 맛을 내는 역할을 하는데, 혀를 자극하는 새콤달콤한 맛에 중독성이 강한 카페인이 들어 있다 보니 그 맛을 잊지 못하고 계속 찾게 되는 거예요.

사람들이 일반적으로 걱정하는 것은 산도 조절제예요. 콜라의 경우 산도 조절제로 인산이 사용되는데, 인산이 뼈에 영향을 줄 수 있거든요.

인산은 뼈를 이루는 성분 중 하나인 칼슘과 반응하여 인산칼슘을 만드는 성질이 있어요.

*산도 조절제
식품의 산도를 조절하는 식품 첨가물.

칼슘 + 인산 ⟶ 인산칼슘

이렇게 만들어진 인산칼슘은 똥이나 오줌과 함께 몸 밖으로 빠져나가요. 다시 말해 우리 몸에 들어온 인산이 혈액 속의 칼슘과 반응하여 칼슘을 내보내는 작용을 한다는 거지요. 뼈가 흡수해야 하는 칼슘을 내보내니까 뼈가 튼튼해지는 것을 방해한다고 볼 수 있는 거예요.

여기까지만 보면 콜라를 마시는 것 자체가 문제가 될 것 같지만, 1994년 미국 국립보건원(NIH)이 발표한 바에 따르면 인산이 뼈의 칼슘 흡수나 배출에 큰 영향을 주지 않는다고 해요.

그렇다고 탄산음료를 많이 먹어도 된다는 말은 아니에요. 어떤 것이든 과한 것은 몸에 좋지 않답니다.

치아를 상하게 하는 양치?

탄산음료는 산성을 띠는 물질이라서 치아를 상하게 해요. 그래서 어떤 사람들은 치아가 상하는 것을 막기 위해 탄산음료를 마시고 나서 바로 양치를 해요. 그런데 탄산음료를 마신 직후에 이를 닦는 것이 사실은 치아에 매우 좋지 않은 행동이라는 것을 알고 있나요? 치아를 상하게 하기 전에 닦아 내면 괜찮을 것 같은데, 어째서 곧바로 이를 닦는 것이 더 안 좋은 걸까요? 그것은 바로 치아의 구조 때문이에요.

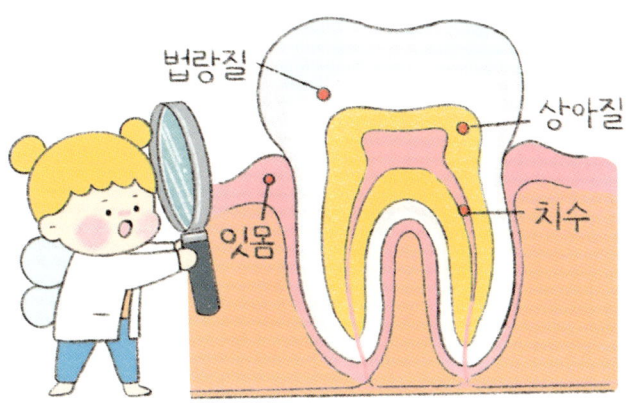

탄산음료를 마시면 탄산이 가장 먼저 치아의 겉 부분인 법랑질과 만나게 되어요. 그리고 그 순간 아주 조금 법랑질을 상하게 만들지요. 그런데 이 상태에서 바로 이를 닦으면 칫솔질로 인해 약간 상한 법랑질이 오히려 벗겨져 나갈 위험이 있어요. 이 때문에 탄산음료를 마신 후 곧바로 양치질을 하지 말라는 거예요.

그렇다면 어떻게 해야 탄산음료를 마신 후에도 치아를 보호할 수 있을까요? 그 방법은 간단해요. 탄산음료를 마신 후 30분에서 1시간 정도 지난 후에 이를 닦는 거예요. 이를 늦게 닦으면 오히려 치아에 더 나쁘지 않을까 하는 생각이 들 수도 있겠지만, 여기에 또 다른 비밀이 숨어 있어요. 침에는 치아를 보호하는 물질이 있는데, 놀랍게도 탄산음료를 마신 후 약간 상한 법랑질은 침 속에 있는 이 물질 덕분에 시간이 지나면서 어느 정도 회복이 된다고 해요. 그 시간이 30분에서 1시간 정도인 거지요. 따라서 시간이 흐른 뒤에 양치를 하면 치아를 보호하면서도 깨끗하게 닦을 수 있는 것이랍니다.

누구나 쉽게 할 수 있는 **생활 속 화학 실험**

저절로 부풀어 오르는 풍선

풍선을 불기 위해서는 입으로 공기를 불어 넣거나 공기 주입기를 사용해야 하지요. 그런데 이러한 방법이 아닌, 풍선이 저절로 부풀게 할 수 있는 방법이 있어요. 어떻게 이런 일이 가능한지 실험을 통해 알아볼까요?

준비물

풍선, 콜라, 소금, 티스푼

실험 과정

1 풍선 안에 소금을 티스푼으로 세 숟가락 넣어 주어요.

2 콜라의 뚜껑을 열고 콜라 병 입구를 소금을 넣은 풍선으로 씌어 주어요.

3 풍선 끝부분을 들어 올려 풍선 속의 소금을 콜라에 떨어뜨려요.

4 콜라에 기포가 생기면서 풍선이 저절로 부풀어 올라요.

신기한 실험 결과 알아보기

　소금이 콜라와 만나는 순간 엄청난 거품이 발생하면서 풍선이 점점 부풀어 오르는 신기한 현상이 일어나요. 왜 그런 걸까요? 바로 소금 때문이에요. 소금은 물에 잘 녹는 성질이 있어요.

　반면 콜라 속에 들어 있는 이산화탄소는 물에 잘 녹지 않아 높은 압력을 가해 강제로 녹여 놓은 것이라고 했지요. 콜라 속으로 물에 잘 녹는 소금이 들어오니까 억지로 녹아 있던 이산화탄소는 더 이상 녹아 있지 않고 밖으로 빠져나오는 거예요. 공기 중으로 날아가야 하는 이산화탄소를 풍선이 막고 있으니까 이산화탄소가 풍선 안으로 모이고, 풍선이 점점 부풀어 오르게 되는 거지요.

헉, 갑자기 쓰린 속

제산제는 어떻게
쓰린 속을 달래 줄까?

10

속을 쓰리게 만든 정체, 위산

저녁을 너무 많이 먹고 바로 누우면 속에서 신트림이 날 때가 있어요. 이때 신물이 올라오면서 속이 쓰린 증상이 나타나기도 하지요. 왜 이런 증상이 나타나는 걸까요?

우리가 음식을 먹으면 그 음식은 식도를 지나 '위'라는 소화 기관으로 이동해요. 음식이 위에 들어오면 위에서는 음식을 소화시키기 위해 위액을 분비하는데, 그 안에는 산성을 띠는 위산이 들어 있어요. 위산의 주요 성분은 산 중에서도 가장 강한 산인 염산인데, 이 염산은 살갗에 조금만 닿아도 살을 태워 버릴 정도로 강한 산이에요. 이러한 위산이 위로 들어온 음식을 분해하고 세균을 죽이는 역할을 하는 거예요.

살갗을 태울 정도로 강한 산이 몸속에서 나온다고 하니 무서울 수도 있어요. 하지만 걱정할 필요는 없어요. 위에서는 강한 산으로부터 위를 보호할 수 있게 뮤신이라는 물질도 함께 나오기 때문이에요. 이 물질 덕분에 아무리 강한 산이 나와도 위가 안전하게 보호되는 거지요.

하지만 위산이 너무 많이 나오면 문제가 되어요. 식도를 타고 거꾸로 올라올 수도 있거든요. 위에서는 산으로부터 위를 보호하는 뮤신이 나오지만 식도는 그렇지 않아서 식도가 상하게 되지요. 또 위산이 너무 많이 나오면 위벽을 자극하기도 하는데, 이 때문에 속이 쓰린 증상이 나타나는 거예요.

우리 주변에 있는 산과 염기

위액이 많이 나오면 어떻게 해야 할까요? 제산제라고 불리는 약을 먹으면 되어요. 제산제란 한자로 '제거할 제(制)' 자에 '산 산(酸)' 자, '약제 제(劑)' 자를 써서 산을 제거해 주는 약이라는 뜻이에요. 너무 많이 나온 위산을 제산제가 제거해 줌으로써 속이 쓰린 증상을 줄여 주는 역할을 하지요.

제산제가 어떻게 위산을 제거할 수 있는지 그 원리를 이해하기 위해서는 산과 염기에 대해 알아야 해요. 우리는 앞서 산성과 염기성에 대해 살펴본 적이 있지요. 다시 한 번 자세히 알아볼까요? 일반적으로 산성을 나타내는 물질을 '산', 염기성을 나타내는 물질을 '염기'라고 해요. 산성과 염기성의 세기는 pH(피에이치)라는 단위를 사용해서 0~14단계로 나누어 표현해요. pH가 낮을수록 산성이 강하고, pH가 높을수록 염기성이 강하다는 의미예요. pH7은 산과 염기의 중간이어서 '중성'이라고 부르지요.

우리 주변에 있는 많은 물질들도 산과 염기로 나눌 수 있어요. 앞서 살펴

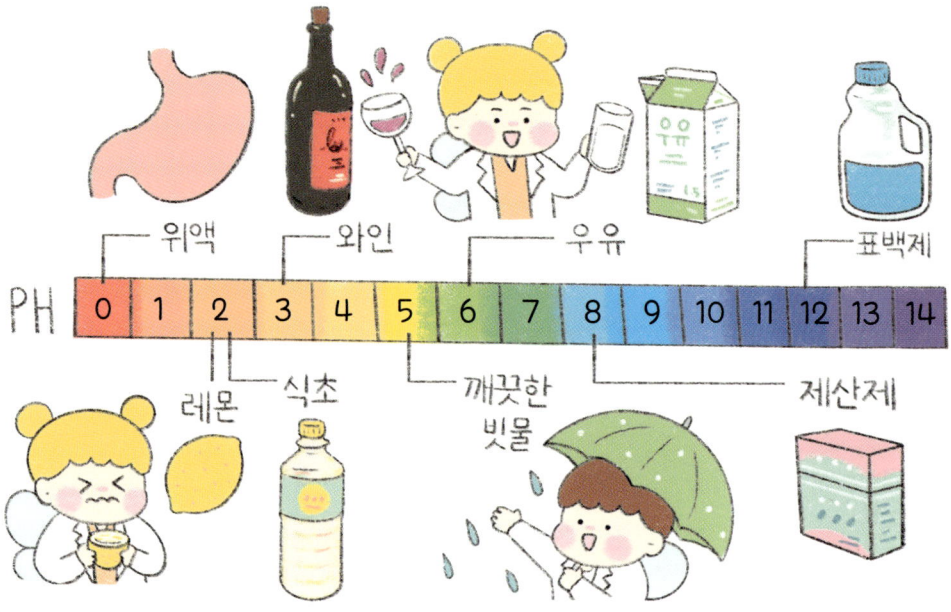

본 위산이 대표적인 산성 물질이고, 레몬, 식초, 와인 등도 포함되지요. 염기성 물질로는 제산제, 흔히 식용 소다라고 불리는 탄산수소나트륨, 표백제 등이 있지요.

제산제가 쓰린 속을 달래 주는 원리

그렇다면 제산제는 어떤 원리로 위산을 없애는 걸까요? 화학적으로 산을 없애는 가장 좋은 방법은 산과 대비되는 염기를 넣어 주는 거예요. 그 이유는 산과 염기가 서로 반응할 경우 물이 생기면서 산과 염기가 없어져 버리기 때문이지요.

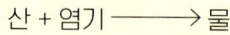

이처럼 산과 염기가 반응하여 물이 되는 반응을 화학에서는 '중화 반응'이라고 해요. 중화란 산과 염기 모두 각자 가지고 있는 성질을 잃는다는 뜻이지요.

제산제에는 위산을 제거하기 위해 염기성 물질이 들어 있어요. 그래서 위산과 제산제가 만나면 물로 변하면서 위벽을 자극했던 위산이 제거되고 속 쓰리는 증상이 사라지게 되는 거예요.

제산제는 왜 끈적끈적할까?

약국에서 파는 대부분의 약은 알약이거나 물약 형태인데, 제산제는 마치 떠먹는 요구르트같이 진득한 겔* 형태가 많아요. 왜 제산제는 끈적끈적한 겔 형태로 되어 있는 걸까요?

제산제를 겔 형태로 만든 것은 상처 난 곳에 직접 약을 바르듯이 자극을 받은 위벽을 보호하기 위해서이기도 하지만, 제산제가 물에 잘 녹지 않는 성분들로 만들어져 있기 때문이기도 해요. 물에 잘 녹지 않으니 알약으로 만들어 물과 함께 먹기도 어렵고, 물약으로 만들 수도 없는 거지요. 보통 가루 물질은 물에 녹지 않으면 결국 바닥으로 가라앉게 되어요. 겔은 이처럼 가루 물질이 물에 녹지 않고 바닥에 가라앉는 것을 방지하기 위해 아주 가볍고 작은 알갱이로 만들어 물과 섞여 있을 수 있도록 만든 형태랍니다. 그래서 겔이 걸쭉한 느낌이 드는 거예요. 제산제는 물에 잘 녹지 않는 성분들로 이루어져 있으니 대부분 이렇게 끈적끈적한 겔 형태로 만든답니다.

그렇다면 제산제는 왜 물에 잘 녹지 않는 성분들로 만들어졌을까요? 제산제가 본연의 역할을 제대로 할 수 있게 하기 위해서예요. 생각해 보세요. 만약 제산제가 물에 잘 녹는다면 제산제를 먹어도 위에 오래 머물지 못할

*겔
아주 작은 입자들이 진득한 형태로 퍼져 있는 용액.

거예요. 왜냐하면 음식물 속에 있는 물에 녹아 음식물과 함께 장으로 금방 내려가 버릴 테니까요. 제산제 역할을 제대로 하기 위해서는 위에서 최대한 오래 머물 수 있어야 해요. 그래야 위에서 계속 분비되는 위산을 중화시킬 수가 있잖아요. 그래서 제산제는 물에 잘 녹지 않는 성분으로 만들어져 있는 것이랍니다.

직접 만들어 보는 천연 제산제

어떤 약이든 오랫동안 먹으면 부작용이 나타나기 마련이에요. 제산제도 마찬가지예요. 약국에서 파는 제산제는 속이 쓰린 증상이 나타날 때 한두 번 먹어야지 습관적으로 먹으면 안 좋아요. 제산제 속에도 화학 물질이 들어 있기 때문에 많이 먹으면 화학 물질이 점차 몸에 쌓이게 되고, 그것이 나중에는 몸을 나빠지게 할 수도 있거든요.

제산제의 부작용이 걱정되어 천연 제산제를 먹는 사람들도 있어요. 약국에서 파는 제산제 대신 사용할 수 있는 것이 바로 베이킹 소다라고도 불리는 탄산수소나트륨이에요. 탄산수소나트륨은 고대 수메르인들도 소화제로 사용했다고 할 정도로 오랜 역사를 자랑해요.

탄산수소나트륨을 제산제로 먹고자 한다면, 베이킹 소다 반 스푼을 물 한 컵(200밀리리터 정도)에 타 먹으면 되어요. 이때 베이킹 소다는 꼭 '식용'이어야 한다는 것을 기억해야 해요.

베이킹 소다는 위산과 만나 다음과 같이 반응해요.

베이킹 소다(염기) + 위산(산) ⟶ 물 + 나트륨 염 + 이산화탄소

　베이킹 소다가 염기성을 띠고 있어서 산성을 띠는 위산과 만나면 물이 생기면서 속 쓰린 증상을 없애 준답니다. 이러한 반응 과정 중에 이산화탄소도 함께 발생하게 되는데, 이 이산화탄소 때문에 트림이 갑자기 많이 나올 수도 있어요. 몸에 이상이 생긴 것이 아니라 화학 반응으로 일어나는 자연스러운 현상이니까 크게 걱정하지 않아도 된답니다.

　이외에 천연 제산제로 사용할 수 있는 것에는 달걀 껍데기도 있어요. 달걀 껍데기의 주성분은 탄산칼슘으로, 탄산칼슘이 탄산수소나트륨처럼 염기성을 띠어 제산제 역할을 하지요. 제조법은 간단해요. 달걀 껍데기를 깨끗하게 세척한 후 잘 말려요. 그리고 말린 달걀 껍데기를 아주 잘게 가루로 만든 다음 볶아 주면 끝이지요. 이 가루를 반 스푼씩 하루 세 번 먹으면 제산제 효과를 볼 수 있어요.

누구나 쉽게 할 수 있는 **생활 속 화학 실험**

열 없이도 익어 버리는 달걀

보통 달걀을 익히려면 팔팔 끓는 물에 넣어 두어야 하지요. 그런데 열을 가하지 않고도 달걀을 익힐 수 있는 방법이 있어요. 바로 빙초산을 이용하는 거예요. 빙초산이란 산의 농도가 99퍼센트인 것을 말해요. 가정에서 흔히 사용하는 식초의 평균 산 농도가 4~6퍼센트인 것에 비하면 엄청나게 강한 산이지요. 빙초산이 아무리 강한산이라고 해도 열 없이 어떻게 달걀을 익힐 수 있는지 궁금하지 않나요? 실험을 통해 알아보아요.

준비물 빙초산, 날달걀, 뚜껑이 있는 유리통, 실험용 장갑, 집게, 숟가락

실험 과정

1 날달걀이 깨지지 않게 조심하며 유리통에 담아요.

2 실험용 장갑을 낀 후 유리통에 빙초산을 부어요. 빙초산은 강한 산성 물질이니까 피부에 닿지 않게 조심해요.

3 유리병의 뚜껑을 닫은 채 10시간 정도 기다려요. 시간이 다 되었으면 실험용 장갑을 끼고 집게로 달걀을 꺼내요.

4 숟가락으로 달걀 표면을 살살 긁으면 달걀 껍데기가 흐물흐물 떨어져요. 그리고 달걀을 가르면 익어 있는 달걀을 볼 수 있어요.

※ 빙초산은 위험하므로 어른들의 도움을 받아요!
  그리고 빙초산은 강한산이니까 먹지 마세요!

신기한 실험 결과 알아보기

산은 다른 물질과 만나면 열과 기체를 발생시키면서 태우거나 녹이는 성질이 있어요. 빙초산은 강한 산성을 띠기 때문에 달걀 껍데기를 녹이고 달걀을 익힐 수 있었던 것이지요. 더 놀라운 사실은 이렇게 강한 빙초산도 위에서 나오는 염산보다는 약한산이란 사실이에요. 달걀을 익혀 버리는 빙초산보다도 강한산이 우리 몸속에서 나오는데 위는 다치지 않는다니, 인체의 신비로움이 느껴지지 않나요?

11

잠자는 동안에도 화학이

방 안 공기는 어떻게 달라질까?

공기는 어떻게 생겼을까?

하루 일과를 마치면 내일을 위해 잠을 자야 되지요. 그런데 우리가 잠을 자고 있는 동안에도 방 안에서는 화학 현상이 꿈틀거리고 있어요.

잠을 잘 때는 보통 문을 꼭 닫고 자는데, 이때 방 안 공기를 이루고 있는 기체들의 구성 비율이 달라져요. 공기에는 질소, 산소, 아르곤, 이산화탄소 등 여러 기체가 섞여 있어요. 그중 약 78퍼센트가 질소로, 공기에서 질소가 차지하는 비중이 가장 커요. 그다음으로 산소 21퍼센트, 아르곤 0.94퍼센트, 이산화탄소 0.03퍼센트 정도가 포함되어 있지요.

그런데 우리는 공기를 마실 때 이 기체들을 각각 따로 마시지 않고 한꺼번에 마셔요. 그 이유는 여러 기체 알갱이들이 서로 섞여 하나의 덩어리로 끊임없이 움직이며 날아다니기 때문이에요. 우리는 이 아주 작은 기체 알갱이들을 '기체 분자'라고 부른답니다.

방 안 공기의 성분 비율이 달라지는 이유

방 안으로 다시 돌아가 볼까요. 방문을 꼭 닫고 자면 방 안 공기의 비율이 조금씩 달라지는데, 그 이유는 우리가 숨을 내쉴 때 계속해서 이산화탄소를 내뿜기 때문이에요.

사람이 숨을 쉬는 것을 '호흡'이라고 해요. 한자로 '내쉴 호(呼)' 자에 '마실 흡(吸)' 자를 써서 숨을 내쉬고 다시 들이마신다는 의미지요. 사람이 호흡할 때 같은 공기를 들이마시고 내쉬는 것 같지만, 호흡으로 인해 공기의 성분 비율이 달라진답니다.

우선 코로 들어간 공기는 폐로 가요. 그리고 폐에서 혈관으로 들어가게 되는데, 이때 공기의 성분 중 산소가 혈관으로 들어가고, 혈관에서 만들어

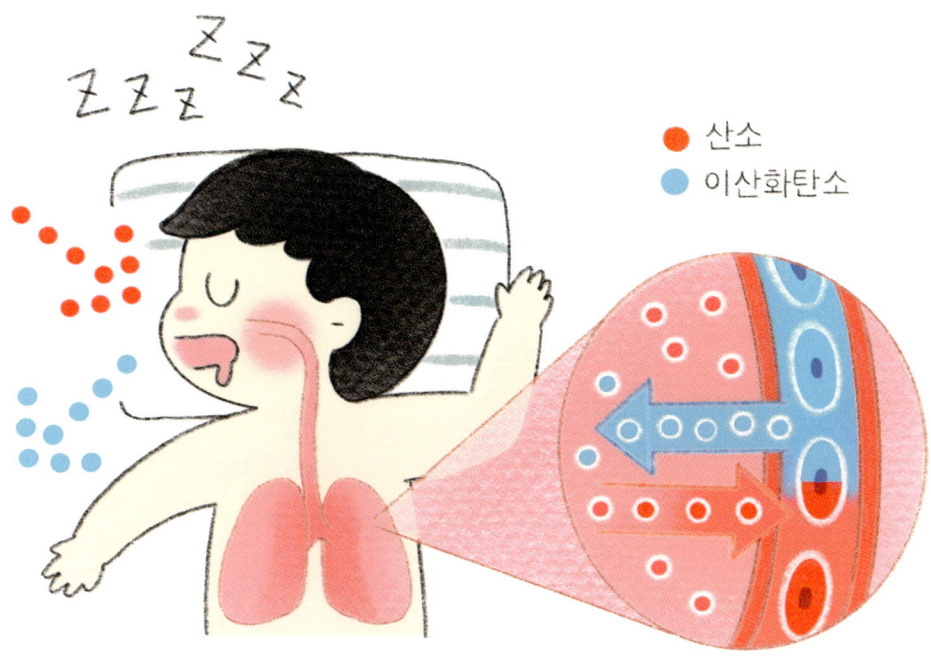

모세 혈관에서의 기체 교환

진 노폐물인 이산화탄소가 폐로 나와요. 폐로 나온 이산화탄소는 우리가 숨을 내쉴 때 공기와 함께 바깥으로 나가게 되는 거예요. 그래서 사람이 숨을 들이마시고 내쉴 때 공기 중의 산소는 점점 줄어들고 이산화탄소는 점점 늘어나게 되는 거지요.

이런 이유로 방문과 창문을 모두 닫은 채 오랫동안 환기를 시키지 않으면 집 안에 산소는 줄고 이산화탄소는 점점 많아져 공기가 탁해져요. 따라서 자주 환기를 시켜 산소의 농도를 높여 주는 것이 좋겠지요.

산소와 이산화탄소는 어떻게 구별할까?

산소와 이산화탄소는 눈에 보이지도 않고 냄새도 없기 때문에 구별하기가 어려워요. 하지만 산소와 이산화탄소의 화학적 성질을 알면 두 기체를 구별할 수 있답니다.

앞서 불을 붙일 때 꼭 필요한 세 가지 요소 중 하나가 산소라고 했던 것 기억하지요? 산소는 어떤 물질을 잘 타게 하는 성질을 가지고 있어요. 그런데 이산화탄소의 경우 반대로 물질이 타는 것을 방해하는 성질을 가지고 있지요. 그래서 불을 붙일 때 공기 속에 산소가 많이 있으면 불을 더 활활 잘 타게 하지만, 이산화탄소가 많이 있는 경우에는 불이 잘 타지 않고 오히려 불꽃이 줄어들게 되어요. 불이 타는 상태를 살펴봄으로써 현재 산소와 이산화탄소 중 어떤 기체가 더 많은지 알 수 있지요.

실험을 통해서 이산화탄소를 알아보는 방법도 있어요. 우리가 숨을 내쉴 때 이산화탄소가 나온다고 했지요? 수산화칼슘을 물에 녹인 석회수라는 액체를 비커에 담고 빨대로 숨을 불어 넣으면 뿌옇게 변하게 되어요. 이

것은 석회수가 이산화탄소와 반응하여 탄산칼슘이라는 하얀색 고체 알갱이를 만들기 때문에 나타나는 현상이에요.

이산화탄소 + 석회수 ⟶ 탄산칼슘

이 현상을 통해 우리가 숨을 내쉴 때 정말 이산화탄소가 나오고 있다는 것을 눈으로 확인할 수 있는 거지요.

미세 먼지를 조심해야 하는 이유

매서운 추위가 기승을 부리는 겨울이 지나고, 따뜻한 바람이 부는 봄이 오면 괜스레 마음이 들뜨고 활기가 넘치지 않나요? 그런데 요즘에는 봄과 함께 찾아오는 '미세 먼지'라는 불청객 때문에 마냥 즐겁지만은 않을 거예요.

미세 먼지는 세계보건기구(WHO) 산하 국제암연구기관(IARC)이 1급 발암 물질로 지정한 물질이에요. 이렇게 위험한 미세 먼지는 도대체 왜 생기는 걸까요?

그 이유를 알기 위해서는 먼저 먼지가 무엇인지 알아야 해요. 먼지란 아주 작은 고체 알갱이로, 너무 가벼워 공기 중에 떠다니는 것을 말해요. 이러한 먼지 중에서도 눈에 보이지 않을 정도로 아주 작은 고체 알갱이를 미세 먼지라고 하지요. 숨을 쉴 때마다 아주 작고 더러운 고체 알갱이가 우리 몸속으로 들어와 쌓인다고 생각해 보세요. 상상만 해도 끔찍하지 않나요?

미세 먼지는 주로 자동차나 공장에서 나오는 매연에서 발생하거나 화석 연료를 태울 때 발생한다고 알려져 있어요. 또한 집 안에서 요리를 할 때도 미세 먼지가 발생하지요. 창문을 닫은 상태에서 프라이팬에 음식을 튀기거나 볶으면 집 안의 미세 먼지 농도가 '아주 나쁨' 단계까지 올라가 버려요. 만약 환기를 시키지 않고 그 상태에서 생활을 한다면 건강에 매우 나쁜 영향을 미치리라는 것은 불 보듯 뻔하겠지요.

그렇다면 미세 먼지가 우리 몸속으로 들어오는 것을 어떻게 막아야 할까요? 외출하기 전에 일기 예보를 확인한 후 미세 먼지 농도가 나쁨 단계일 경우에는 마스크를 꼭 쓰고 나가야 해요. 대개 미세 먼지 농도는 크게 '좋음, 보통, 나쁨, 아주 나쁨' 네 단계로 알려 주어요. 만약 미세 먼지 농도가 아주 나쁨 단계일 경우에는 가능한 한 외출을 삼가는 것이 좋아요. 또, 요리를 할 때는 반드시 환기가 잘 되는 상태에서 해야 하고, 요리가 끝난 후에도 충분히 환기시키는 것이 중요하답니다.

누구나 쉽게 할 수 있는 생활 속 **화학 실험**

종이컵 탑을 단숨에 쓰러뜨리는
공기 대포

우리가 살아가는 데에 꼭 필요한 것이 바로 공기이지요. 이번에는 이 공기를 이용해 강력한 대포를 만들어 볼 거예요. 비록 공기를 보거나 만질 수는 없지만, 실험을 통해 공기가 가진 강력한 힘은 눈으로 확인해 볼 수 있어요.

준비물

풍선, 1.5리터짜리 페트병, 칼, 셀로판테이프, 종이컵

실험 과정

1 페트병을 적당한 크기로 잘라요. 칼은 매우 위험하니까 어른들의 도움을 받아야 해요.

2 풍선의 입구 부분을 자른 후 1번에서 잘라 놓은 페트병에 씌워요. 그리고 풍선이 벗겨지지 않게 셀로판테이프로 고정시키면 공기 대포 완성!

103

3 종이컵으로 적당한 높이의 탑을 쌓아요.

4 종이컵 탑을 향해 조준한 후 풍선을 잡아당겼다가 놓으면 종이컵 탑이 와르르 쓰러져요.

신기한 실험 결과 알아보기

공기 대포를 쏘니까 종이컵 탑이 와르르 무너졌지요. 페트병 속에 아무것도 안 들어가 있는 것 같지만, 사실은 공기로 가득 차 있답니다. 풍선을 잡았다가 놓음으로써 페트병 속 공기를 밀어 주면, 좁은 페트병 입구를 통해 공기가 한꺼번에 빠져나가면서 종이컵 탑을 쓰러뜨릴 만큼의 강력한 힘을 내게 되는 거예요. 좀 더 강력한 공기의 힘을 보고 싶다면 더 큰 페트병으로 실험해 보세요.